Word Search 1

```
A T U I S L D U K D A M C D B O I N
E J N U E K G M R P R X A E T F W F
T B Z R K P W D E V U S J V T Q J
X R A G B A V O R U W G U N K A K C
R K M N L C A T T G F K A Q J F P O
W A I I I S M F O T X Q C L Y A G I
X Q S T A J J D G M E O C U E J A P
M C O N N J O B Q F R Y Y A A B N
R T S I I W U O W B R U Y U G M U A
H D O A B B A N H M I W X N B L H
S K U P I Z A G J F C F N R Y A Q Z
B A P L K T U N F D G A Q P A L A J
F R A X E Y V I C O L L A G E A M U
Z E B A G T F T D A T R O T O Y T E
S K G C K R W T V U J X B Y P A W J
F A G U Y E R I I S K L G X F Q C E
B R K L L T T N J Y A A C H K D T M
P E V K K S O K A D K Y V M Z A E Q
```

Word List

BANH MI
CAUSA
CEVAPI
COLLAGE

JAMBALAYA
KARE-KARE
KIBINAI
KNITTING

MAQLUBA
MISO SOUP
PAINTING
POTTERY

Word Search 2

```
R K O X M T J L N B A Q D O W K S X
I P C W J H D O E E O Y B D R W F S
E S U D N I K M N F V E Q O E D K U
H J B X K V O G G P F E V U Z C S K
D T O M R C U R N Y H H L A Q Y C I
Y S S E J B H N P P D B I S D D U Y
Y E S Q E G M D X L F Z H C A P L A
X U O C A R B I L U X T K Y A H P K
Y A C K W R V O W S S D R Q K O T I
Q Y C A H E S Y K H U E P O W X U D
E E I H U O O A M S L F Q Y P W R E
S R L G L G U R U O L E V U G B E A
C O L F N B O Q R Z G T P T I G L Z
A F A A Z D E B B I R G V I L N G S
H A T W H P Y D B Q T U K A E S B
X N E A P R F Y Q P M O V U Z V J Z
H I M Y S I W G M L Y P M E H U S E
G P H G Z J H J B C F Z I P M U C H
```

Word List

INDUS
LIBRA
METALLIC
NOVELS

OSSO BUCO
PINAFORE
PLUSH
RIBBED

SCULPTURE
SEQUINS
SUKIYAKI
VELOUR

Word Search 3

```
M K Z J R R F E L T I N G G X K U F
P U Q N D V Y J N O E X B Z K Q T L
G O T L X B V W N B G L J H Z S M N
F U M L L U Z W D O A T E M K G F D
Z C E R A M I C S R P W A I Q L D W
E Y I W Y T F I N F U Q W F Q O X E
S V B P Q K D D O Q O U T E C M H Y
Y T E S A T D E T Q C I E S R C S P
R W A D X U A T M B E E H B Y B L W
L B D B Y B R P D N D T K S P C K P
E Q I L P E D O E R G B L N T A I A
W Z N M U I I D R A W I N G I R C N
E I G H O E I N W A E W G A C V O W
J E L D I S K U G H K V G H R I W B
C Q E I L L A W H U O V W Q Y N S M
B O K S R V G I O L R O M J D G C Q
N L Q K E Y Y V C K B G M Y V F E P
S G Y V M G X M O N C X I X L W M N
```

Word List

AURORA
BEADING
CARVING
CERAMICS

CRYPTIC
DECOUPAGE
DRAWING
DYEING

FELTING
JEWELRY
MOSAIC
QUIET

Word Search 4

```
H H G D W O O D W O R K I Q Y H X E
F H S X N M Q X S Q E A X W T W I E
J U H S B N Q L B T C B T Q Y A Z H
S Q B G G Z U Q E O A T R C H O P R
B E U E S N T B Y M W M Z Y I L E D
H F W I F Q A U W H E T P I N Z T X
G U C I L S J V Y S S V I X O Z Q
P U A I N T C S N Y F N C E N T W P
W I E K R G I R R G A P K D W G A W
C L T Q S C A N A B Q K G E P E B S
X E Q A N H Y S G P W Q U Y B E N L
B R O P N I P T X K B W Y E B I F I
I X L C Y L T S O H G O N P E R V M
R L S T U L A Q E K Y I O U R E Y A
P R I N T I N G Q P J A E K Q E T G
T U S B R N H G N I V A E W L D D I
J Z S H K G P D W E Z Y E W Z T T R
R O P R Z X U H Q G X U K W X D C O
```

Word List

BOW TIE
CHILLING
EERIE
GHOSTLY
ORIGAMI
PRINTING
QUILTING
SCRAPBOOK
SEWING
STAMPING
WEAVING
WOODWORK

Word Search 5

Word List

BEADINGS
CARVINGS
COLLAGES
DRAWINGS

ENIGMA
FELTINGS
GLASSWORK
HAUNTING

ICICLES
JEWELRIES
KNITTINGS
MOSAICS

Word Search 6

```
W O R I G A M I S Z M X H H M R V D
E P I Q Y W F W A I V D U V C K C I
A W A G U A T B C S J Q W D X T A W
V S G U H I X O N W E J W R E L O T
I E I U I L P O T T E R I E S O Q
N G E H B S R T T H W R X Q F O B I
G G E J H P D X I B P S I E D D I J
S S L D L K Q Q E N L Q E Y P P Z K
S P R I D D L E S K G N N W R I S K
K B A B U W G A M W S S S W I L M O
R C L I H G E W F H M N W P N N H R
O O E X N K C E Z W O R M U T B G O
W E J D B T S H L U T S E Z I D I S
D L L N C V I K L G N B V Z N G V M
O I E E C J I N Z C A B V L G T T N
O K K G S T Z O G T H F J I S E Y E
W J X E F F R U S P E J N N X S I
S E C L Y E J I O Y C M N G H K K A
```

Word List

LEGEND   POTTERIES   RIDDLES
ORIGAMIS   PRINTINGS   SEWINGS
PAINTINGS   PUZZLING   WEAVINGS
PHANTOMS   QUILTINGS   WOODWORKS

Word Search 7

```
P V M S T I R I P S P W W S Z D G V
M C V S A X B L X Z V D J K L E L K
I W U L S K N P Z I Q U K I V O N D
H J P V I S B R R Q I Z N H N F A B
L F W A T Q R K Y D R G D C T E P U
S G N I E Y D X G K S L V S A Q K R
S Z M M K Q F I X S E C T Q L C O L
N Y R N V C N H I W R E O Q M Z M P
X X I D N B M O E O P X L M P Q Q Y
W M F J W E A Y C D E A O T F Q G E
W Q T O R P L R P A N L C I R O M T
Q S V H L M A O K H S E G G V A R I
R S E S O V I B S S A R P W Y B H T
D N G C H T N E K T M W Q R O F R Q
M H S K R A T Y H Y O V D V F O Q Z
R X U P D E I E U S B R E D I M S V
I N N D U W T W A T Q N Y E K C U X
Z D Y N M Q X S S P E C T R A L L C
```

Word List

BARK	RELAX	SPECTRAL
COMFORT	SECRETS	SPIRITS
DYEINGS	SERPENS	STORY
HOT TEA	SHADOWS	YETI

Word Search 8

```
T J G V X K U F B D A T Q J B Q V A
E Z I R L A P F J X B P B W H S Y J M
Z L Z B B Y X T B L H E E L N U Q U
E L E R D V E I E H X S M A X W Q Z
N D V A A B A P L Y Y T L N Z R Y Z
X Y E G S F A C Q Q A Y A F S F B L
C V I F V H F W T E E R G X C Q Z E
D B C J V L E R S U S D A R R Z F H
O N B D D B T H G V C L J E O A M M
T U K E C C C D N R O X S D C V M J
I P M C D O H P I W O Q V U H M V X
S L N M P L B M P Z P T W C E I H R
Z J O E K L H M L Z L M E T H K N
I W G T D A G G A Q Y Y R Q S E A J
R K K K E R J I T M P C T U Y H V K
S H J H F Q T D S U K J K X N B O
Z P Y G R E N E K N L I T T M D B Q
L J D S Z O C G J B M C Y I M H L O
```

Word List

COLLAR	GREET	REDUCE
CROCHETS	HEEL	SCOOP
ENERGY	LEASH	SIT
FETCH	MUZZLE	STAMPINGS

Word Search 9

Y	Y	F	D	I	R	U	H	N	N	X	W	D	K	D	M	Q	D
A	T	D	J	P	Q	E	R	A	J	P	C	A	R	O	L	V	K
O	L	A	M	P	Q	U	D	N	E	W	D	A	E	H	V	P	W
Z	T	O	U	A	B	E	L	L	S	M	P	H	A	T	N	N	J
A	G	Y	S	C	H	U	G	K	M	Y	I	N	Y	Z	R	D	E
Z	W	I	O	O	G	F	R	N	R	G	C	A	J	Q	O	H	X
B	Q	Z	N	D	D	J	Q	T	H	J	G	R	J	N	R	G	P
C	X	Z	T	O	T	A	L	T	T	C	U	A	B	Y	N	C	A
Z	G	R	H	F	F	F	L	W	H	X	X	U	I	N	E	F	G
F	P	Q	W	Y	E	X	Y	T	J	T	D	E	F	V	E	J	E
Z	B	M	C	R	E	L	R	Q	O	S	T	M	Z	I	G	E	S
E	Y	L	M	N	N	W	K	R	G	W	R	I	C	O	P	Y	B
A	A	P	I	I	D	U	F	V	I	C	A	H	H	X	U	W	D
N	T	R	T	R	E	A	T	M	V	H	I	C	E	J	S	Y	V
I	S	V	S	T	K	L	B	E	F	O	N	Q	E	M	C	P	S
M	N	W	S	L	B	N	W	A	G	R	B	L	R	H	E	P	U
L	M	I	N	P	W	W	M	L	K	U	J	Y	Y	B	J	E	B
N	O	K	F	H	A	X	C	J	O	S	W	D	O	U	N	F	C

Word List

ALTO
BELLS
CAROL
CHEER

CHIME
CHORUS
LAMP
PAGES

STAY
TRAIN
TREAT
WAG

Word Search 10

```
S D K P T P X G W I R M V T R E L A
N S R X W K X B O D L A V R H T M V
K B U J C K Y T I S O I R U C E A I
B Y F T X Y Y M J C N Z G L O U A F
L Q J G Z T N A U M F Y A W W Q T M
S S L W L U S S D I J P T R B I R S
L T W Y M R C O U R T E O U S N V G
T J L O R T N O C D W L C M T S Y O
Y K G N C U R B L E D T R Z C K G U
U M E H P D U F C K N O E G O R S R
S F R W R D V B I X U M S Y M U X V
F S E U F M A V A I O C C A P D N X
X D N J S F T Y S G B I E D L M G T
Y Y B A L A N C E P T C N I Y X N Q
I H T Y L D N E I R F P D L Q B V U
H F P T V Q R K W C F G O O S I S Y
U Y L D L Y G N M K L J V H E W V T
P Y X K C C A L M H G Y Q U B S C Y
```

Word List

ALERT
BALANCE
BOUND
CALM

COMPLY
CONTROL
COURTEOUS
CRESCENDO

CURB
CURIOSITY
FRIENDLY
HOLIDAY

Word Search 11

```
W Z U K P D E L I C A T E C A Y V D
N Z M G Q N B T T G Y Q A D X A W G
R L E E K V D E R E N N A M O S O E
Z O L P O U D U W E X P L A P W N N
X W L Q Q B S J W F O P D V F X E T
X I O X U X I P U W Q Q E B W L L L
Q B W K E O K U A X M T C L K G B E
O M N E Z C Y O D G U A O H D C A A
T I C I N R E I V T B G R O G I T V
P E Z A L J Q T Y N H F O X G J P W
A L D T I I F W A P Y D U A P T A K
E T E V R E S B O M D J S U T G D Z
D H P S Q P M T Q L Z D V Y G L A Y
T T N E I T A P E M W M W V F A P D
O L B E N A F B P N K A W A R E L E
Z X O B E D I E N T F I C E U U I O
S K S U S Z B J H E E O Q G D P D P
R T M V Y A A A S T R B O X K K X H
```

Word List

ADAPTABLE
AWARE
DECOROUS
DELICATE

GENTLE
LISTEN
MANNERED
MELLOW

OBEDIENT
OBSERVE
PATIENT
PAW

Word Search 12

```
H Y Z W T E K C L C P R G F F T H R
P U R G S L C B C X X C S C E N T S
A O Y M M H X U H O A M I C A B L E
D O L B L Q K L V V M N P F X A Y A
L V H I T R A I N E D P H S P O O T
S K X D S W Y D D T F I L A Z B D T
M R I A C H I A H Y B O U I O T W E
I T Y L F P E D U L K N Z J A E S N
Z N L Y S F K D F K O I G M C N R T
S O A G O Z A J B A E K C R U X T I
K I C C K M Q B A I T G L T L I H V
Z U O A K Q U V L M N I B T A M E E
F B M U C D P Z A E A K K Z W C E N
B S P T Z C U E N P R P B W E W K A
X D O I W K N E C Y E F K V N C F E
J U S O Y G G E E D L S P F K N K M
X Y E U K F S B D F O O X B I N K P
V Q D S I E U G N H T J C I Y W S G
```

Word List

AFFABLE
AMICABLE
ATTENTIVE
BALANCED

CAUTIOUS
COMPLIANT
COMPOSED
POLISHED

SCENT
TAME
TOLERANT
TRAINED

Word Search 13

```
M P L H A Y Y Q W C M U H E D Y F M
F H O Z R C Z D I W U Q Y U V E T D
K V N K I Q N W L N Z L Y Y M C Q Z
G S Y D S K H T K A T S T O H B S H
B N D I Y Y J P S V S U I U M Y L Z
A H I S W G V O O M T K I D R O C E
Y T L C V Z P D U Q E M M T V E N X
T G I R R O K A H B A J F Y I C D C
K E G E E D H B J A D C O W Y V W S
P T E E X K G P H Y Y G A C T A E C
U A N T J M K W O V D K I H J Q H X
F C T M X Y S T O I C K L I Y T K N
Y T M E W Y U L A Y S B M I L L J I
X F W O J M P D E V R E S E R S R H
A U V M E W V I H D Y D C G S O F
U L U C O K T G U K E C K B H J F C
O Y U P G C T W W N Q Q R I D R N F
Z F U F J K S U K H D E T O V E D F
```

Word List

ADOPT
CULTURED
DEVOTED
DILIGENT

DISCREET
HUMBLE
INTUITIVE
POISED

RESERVED
STEADY
STOIC
TACTFUL

Word Search 14

```
I I Q A J N K D X Y B R G T J F I H
P C H F B U R G X C L A E D U Q N I
V A Y N L I Y U K A P C Y C S B S G
W N V P W D V C D C R R B C F C Z I
J T E Y E F C Q I O T E O L H B Y X
E Y S P E N A W U V R N B T L D T G
V L T J V Z N J M D I K A A E W Q N
Z I T C D S I P C A I L H X M C Z R
M Q G Y R R D K R B R C I O A D T X
H Z W G R A C I O U S E O Z O C N C
B V Q Y J D N C E K Y L L B E J U L
T M R E C O V E R Y C K O E M D E M
C N O I T P O D A J T A M Y A W B C
W P N M M V E I N C C U R D A S V P
A J R K X O C A N I N E F I W L E V
I I N Q I U K V W P A X J W N B T N
Z R H Z Z E P P X F R K F A Y G A Y
J N V X O S J D E V O T I O N L M O
```

Word List

ADOPTION
ADVOCACY
CANID
CANINE

CARING
CIVILIZED
DEVOTION
GRACIOUS

LOYALTY
PROTECT
RECOVERY
RELEASE

Word Search 15

```
H I I H N Y W X S H E L T E R K C U
N G U N V B N M L G M L K E V K J N
G L U G M G R H P W E O I O I X K M
G S A E N K U E Y Y D E B T O V Y N
Q Q I T U Y Q C S D J I M K L I K S
E D N I K T Z K S C Y A V G P G W A
I M L L G Q I H H Y U C S N P I A A
T T Y O J J G D F J V E A W X L T N
L U Z P I V Q B Y J S W N I M A C J
G A Y D E N I F E R O H C N S N H I
R I B L U H T U Y F C B T M E T F M
M X G B F X C K H D T L U R L C U S
R E S I L I E N T G R J A H F F L W
K H H Z E V R Q M M V A R Q L S Q J
W E C D W P P B X W A E Y D E K S Y
V Y L L D D O W B O X Q S E S A K P
X Z X S V F W U K H Y V U H S L Q A
G M U T E D D K A D L Q W X K Y V N
```

Word List

KIND   RESCUE   SHELTER
MUTED   RESILIENT   TIDY
POLITE   SANCTUARY   VIGILANT
REFINED   SELFLESS   WATCHFUL

Word Search 16

```
J D I S F Q J E E M B T H U V C S C
R L N T D I H H U K K Q B D E K Y T
P R Y M G N L T D G H V G F V P F B
L A Z U J K P G I S M Z R S J U E L
R G W D P E L B A R O D A J L K O Z
E P F P O E M O S W A P X V O R H K
F W U L R G X F U R B A B Y V A T K
U J R B S I G G F G C U B C E B L X
R F E O D O N E K R O Z Z M A P A Y
R K V N N X A T D M C T O H B Q Q U
Y U E D K O B X S P K K F J L G G E
J N R N R W E Y L M H F W J E Q F O
O V M J E W W F X Y O J R U F R H F
Y J L U F H T I A F P U Q U L Q V C
B H K X S C S H V V X X I D T H O Z
Z X K U W B T X O Y U D L B Y V S Y
P M Q S P J R B M M U O Q L O E A J
Q R B J L O P X R I Y Y R L R D Z S
```

Word List

- ADORABLE
- BARK UP
- BOND
- DOGGED
- FAITHFUL
- FUR JOY
- FUR-BABY
- FUR-EVER
- FURRY JOY
- LOVEABLE
- PAW-SOME
- PAWPRINTS

Word Search 17

```
A D B V M S E S Y D N J K A T A V D
C O U K B F X I T G E O K Z P D J K
Y D O G B O T Q S M B N G B P Z U G
G Y Y M A C G O D N D R S C Q L E A
F B P N K W H Q S L Q N O F K O F T
R W D G R C P V O B V F R S T Y O D
V F J M B Q P E P R A S I C Z A P I
O B I Z I O A U T P P R G I N L M F
J V Q R O D S R R C A E K B Z I P R
A M I I T S Y S Q R L W T T D S Y G
B P A F A Y I R R F F O P I E T J L
H V F U G B W Y L S A E U R D C D O
K G C R P Z Y W G D B J C D I H H C
D F E K L N L U S I T B X T H N A E
T R G I D Z P S Y D A P W A P U T R
V W W D A T V A J V B D E R D V H S
P H J G I M S H I N C Z Z T I Y S X
A L D N M L H V V R H G D X B U B W
```

Word List

BARK TECH   FURKID   PET CLOUD
BIO TAG   LOYALIST   PETID
DOGBOT   PAW PAD   PURR-FECT
DOGCAM   PAWPRINTS   RFID TAG

Word Search 18

```
V D O T L O S T Z P E T C H A T Y Y
Z V W A G M O R E K L O D K V B Z X
K S X J Y N A D E L J L L P K U C Y
Q E K P E T W E A R P U P P O D J H
P B L W E A R A B L E S L A G Q R C
M E G M S G Z R R N N B N E Q W T E
D Y T E U V N E D X M N W N Z M Z T
C Z P C H A A S C O K H S I G O B T
Z K G Q O M X P W W G M M N H N X E
M M M P C M R E O F D P L A G Y K P
P Q N W Z I M C L I A T A C Y D U P
T A V B A G R T M I R X U D L R G R
K E F P P P G W M O F P C H F M C Z
I I C M Y Z W S A U X L M X E D X D
J K B H M K Z C E D R A Q Z M C E J
V J U Y V W E T N O S E S T Y P B S
J W Z K L E R T Z R V N T S A R Q N
O W B Z V V T D I V T B O E R V P B
```

Word List

CANINEAPP
DOGPAD
PET CHAT
PET COMM

PET WEAR PUP POD
PETTECH
RESPECT
TAIL

TECH VET
WAG MORE
WEARABLES
WET NOSES

Word Search 19

```
L G A T K R A B J Q E K E C L F P X
U M R J Q S H A Z C Q N S Q D X E H
I S K S N I F F V T V I M U A M T P
B Z V P S B K B E S E L B R Q J P L
E E L G C U Q V Z U S K L Y O B U Y
H P C W F I Y K D W A R B O R G L H
M N O M X K G C K D K A S H F H S C
P U K E Y W U A N I L B G N I R E E
D E S G Z G B R O N G P S H X D M T
L O T S A P E T P A L H G Z X W K W
M J G G U I P W A Y G A F Q M G S A
J D L G U S L A J P E T S Y N C W P
B Y Q S Y A O P W W O J W R E U N Y
U B Y E Z N R C E P V F K Y M R N Z
U L O V M L E D I D R E C L Q C F G
S R O S X P E T J A E I W H N W J Q
V Q A F G Q K I S R L M N R E F O O
W Q D M K Z E C J Q B Z X T X C C D
```

Word List

BARK LINK
BARK TAG
DOGGY NET
PAW PRINT

PAW TECHY
PAW TRACK
PET GUARD
PET PAL

PET PULSE
PET SYNC
SNIFF
SOCIAL

Word Search 20

```
X N L K F A Q N Z C A F Y L Q G W X
I H I Y W C B C M A S G I K E T A Y
N Y A L B Y B O T U M Z S M L X L J
I I T F E A D N T O Y E E W B H J M
Q S H H M P S M A Y H B L P E H K Z
L H C Z W U S J Z F C Y A O L M U C
V Y E K L P S W U U E N U S D P Z H
H S T Z J P M S M N T B U M S Y U C
C J C L P A A B M D G J X V H C Z E
E U D S C D R P I M O L Y D P I A T
T N I U V Q T G D Y D R J Y U J C S
W S U D Q N T K O R G A B R P R C W
A R V V O B A I P T D M W H H W O A
P H M J P U G G T P K A C X C C R P
L H K C N Z B F E Q X I I K E U D H
V D M W R R Z C P I O X O Z T G I W
Y G R C S C W J D Q A Y D A A A O P
N M Y H D D O S F Y M I J I X H N Q
```

Word List

ACCORDION
BASS
DOG TECHY
HYMN

MELODY
PAW TECH
PAWS TECH
PET POD

PUP PAD
SMART TAG
TECH PUP
TECH TAIL

Word Search 21

```
E X U E Q E P J T M K C A B K R A B
Y R G S L A I K U D E E H D O D V U
T Y A H O U N D D O G V X M G B T V
Z D G D I S L Q F V R S W Z U F V C
X C S D M I A T L F P C D I V I D C
B S O K B W P D F C E L L O T I G
K D C Q H O Y M T U O M H C F P F E
C M J W I P G W B Z C G V Y H R E R
K L M X M A G T F L T W Y W K O Y V
V R A Y B Z O V F Z A N O E M O I F
L K W R H O D E B H M C P D A Z V R
J R U O I Z C G A U I F K A C R F J
F G B Z A N N K R C P A G D W O S D
H J E J W K E I K K L R E I O B M J
Q Z X M Q U L T S G F R L Y Z G O Y
K B A S S O O N Y F H H Y J M T R T
W C N F J A R O N D E R C P R Q F U
D O G C L O U D C B V P D Z T P Y G
```

Word List

BARK BACK   CELLO   DOG YEARS
BARK SYNC   CHOIR   DOGGY PAL
BASSOON   CLARINET   HOUND DOG
BLACK DOG   DOG CLOUD   PAW BOT

Word Search 22

```
P F P M P W N X I Q A Q L I R J Q M
H N A A L N R F W J R L E E G V Y N
D J W P W N A U H H J T F K C J Q H
F E X X O G N Z M G S U T J U R V F
E C W V B O U O P L V X U T O J W M
T C X H H U O A S N P M D F L U T E
C Q D E C V M U R J R S F Z R Z P O
H K O H E L S V P D S W S M W S E E
T X G N T U I M B A L Y K K U M A Q
A F D Y G J B R A E W K R A B A E N
G M A V P J F U S R D S O Z Q R C U
A P Y D D U B W A P T N U J S T J D
M V S B N G G P T Q M V Q P O C F O
M V E D M N O I K L M Z E I Y O W I
K O Z X I D M Q B J P K N T M L L V
Y G U P J U U F M O E J O I Y N K A
W X V G B S R X C T E P H C E T T G
T H G W S G D C B V A Q F T O B Y C
```

Word List

BARK WEAR
DOG DAYS
DRUM
FETCHTAG

FLUTE
PAW BUDDY
PAW GUARD
PAWS UP

SMART COL
SMART VET
TECH BOWL
TECH PET

Word Search 23

```
B G U I T A R Y Q Q W J J I W Y T J
V X H V Y Q K S Z R O U R M M D O
B L K G G I I J Q O B W R M S J J W
P B X U O D W C X G R C W D P Q S B
P Y P F W M Z U U G O E O M D J E L
H M A V H A R P Y Y K T F S O A O G
H O W L I N P E P J O B O E G K L Y
J L J U J G P D I A X N Q K B O Z Z
Z O A I T R U D A M A M T F O M L P
T R M X W G S A N M F A Q N N P C X
D V S R O G V A O L E T U M E D H M
O B L N Q Z L Z W T Q D O G N F S V
G X A B L O T G B S Q O C Q O E R Q
G W O R N Q D O G H O U S E A D I D
Y M K B K X A K H R H U U O J V F A
R F C S S O O I K F K Q Z N C R U W
A C Q U C U U T W G P T M Q N N E D
P Q V F T W X T B E T W O G U F P D
```

Word List

BARK OUT
DOG BONE
DOG HOUSE
DOGGY JAM

DOGGY RAP
GUITAR
HARP
HOWLIN

JUMP JOY
OBOE
PAW JAMS
PIANO

Word Search 24

```
Y C P H L W I U S J P X I R U J G O
P X A O V Y P G I N Q A R X P O U Z
R B W A J T I I T T P I W B S W C J
G G S O S L O B A F C U B T V I N T
J U O F U T G V R U V S P M U F X K
U X N X T R Y M U L A D D P R N F I
F A G D A P X K I G Q K D Y Y Y E O
M X S K I A S T A E B W A P C P M S
F E X X L E R B O D F D E B D C O H
H Z K E T L E G G K P U K O X C X P
Y C K N U H E U G E R G E Y A K W Y
Z L E O R S U F Q D G W L T H Y L O
W Q M H N A Z B X T R W A G G L E X
C O A P W E K G Y W L S J G U G P E
Q Z Y O S L P A H U K C Q R W A Q N
S B E X P E V J Y R I S U B R A Y E
C Q U A S J P O O C H P O P B F R R
T Y L S K H R I K P U P P U L S E P
```

Word List

LEASHLEAP
PAW BEATS
PAW SONGS
PAW TUNES

POOCH POP
PUP PULSE
PUPPY POP
SAXOPHONE

SITAR
TAIL TURN
WAG WARP
WAGGLE

Word Search 25

```
R Y B O X E R I U H A I R E D A L E
N T W A B P X Q L Q I U O R U B G J
M I U B Q U T J S C D E G U Y Z A M
O O L B P O S F U Z B A T I K A Z P
V I W X A D G P T W Q I I G Y W I M
D J L W S B X K G T Q F F N J X X Z
Z N A I L T W I C R W A N O L M T N
N E I O D H Z Z I U K S N S Z P N R
E S A Z R K D S C M T N D A P J M T
U A H R T G L W I P G I B E T F R Z
N B O I H R F D A E M L A S R A R H
Q Y Z U V M B R N T W O R F O N L K
C V M F E E P O D K R I K E M D S B
Y S C V H G R O R P X V B E B Y C Y
Z N C T H X G S C Z V F U F O V W K
E M D Y F T A P S U O X Z X N I H F
V G T Y H Z P Y G Y Z I Z J E Y I N
V V X F D Y D U W N G D D L N C R U
```

Word List

AIREDALE
AKITA
BARK BUZZ
BASENJI

BORZOI
BOXER
SEASON
SHIVERS

TROMBONE
TRUMPET
TUBA
VIOLIN

Word Search 26

```
P N F V B H Y N E I N W B U L W M L
D J W J U W J W K M H Z Y L U P P
O Y U Q B E E J D S Z V Z G C T U V
P A K M I E A E E W G E T O M D N F
B P U M P N A K P T L O B K R A B U
M S V O L J R G U U E F R H D I L T
I C U O H W I Q L S F B I K U J C A
D I V Z C Q I V Y E T R V R O J P M
C F B M J S G J E X L N E U K V A
N I L O P O T Z P E M T A P U V G R
D Q V O O F L G I V N T F S A C L D
R I B Z W Q O F E O S A U W N B K G
A M V E U W J N O U N M A T O L A
I U L L G Z P D O B F Y B P W P T W
R K D R P C M I F I C S G A W F F J
B A Y G V W U O P O P G X J L Y C Q
G E Z L T D J W X Y O G U Y T H K L
T S G P U P P O W E R V O E L R N W
```

Word List

BARK BOLT   JUMP JIVE   WAG DRAMA
BEAGLE   JUMP JOLT   WAG SCIFI
BRIARD   PAWS PERK   YAP SCIFI
BRITTANY   PUP POWER   ZOOM ZOOM

Word Search 27

```
B L S G U V N R V O Z X F F L K E B
H R R P C N X W Q Y K I R B N C Y E
S V F C T O K M E D V N W Q U X X Z
P T N E I X L N Q C T W I L I G H T
H O B J G S C L O I M Y G C X I K W
R E T R E A T H I W E E S E C N E U
G D H O O X J E O E N G Z L H Z U C
A N E J T H S X N W N D Q E P B T G
B Y P N T P W L S G C K I S Q O T K
A N U A G K T W D D C H J T H I I R
U O U B A A B D N U W H O A J H F L
H H D E W C M Y X T C U H W U N B T
A P S C Y Q S B W B A G P I P E S I
U M S N B B T S V K F D Z O K B G K
H Y O T W N J E Y R A W Z H M J P L
I S K C Q G T U N E S O P R A N O T
H P E U H H J A A O B Q Z B E C D D
C T U A W F C K U G R S H H V N B Z
```

Word List

BAGPIPE
BANJO
CELESTA
CHIHUAHUA

CHOW CHOW
COLLIE
RETREAT
SOPRANO

SYMPHONY
TENOR
TWILIGHT
UNKNOWN

Word Search 28

```
E Y E J O M V O H D Q L X B N J A D
K W O W T K T V L O H Y U O U D T A
R F H D B O Z B R N V U H L T B F P
E K K Z D U C A O A P A S B T O N U
I N E F W W D B D V Z F W K M K T W
R K L E E K A I A A D M N A Y K U Z
R R O Q S P R I D C C Q Z P R N M F
A H E E E H X J L P O H V Z D T E D
H W Y N U I O I O B R C S X H K Y Y
J W T I R D W N G J I I K H J A Y X
E R T B W I Z C D E Z H D A U K L U
O L A W U W H Z W S O G A W P N W X
L B T K D A L M A T I A N B J O D K
F K P G R E Y H O U N D C N L Z O Y
C M R K J O W I S Y Q B R O J W W Y
T C C L P C L V A L V P K L R Q Z R
P E J F R O E Y E C B V K Z Q G H C
P O J T U C O O N H O U N D A A I Y
```

Word List

COCKAPOO
COONHOUND
CORGI
DACHSHUND
DALMATIAN
GOLDADOR
GREYHOUND
HARRIER
HOVAWART
HUSKY
KEESHOND
KLEEKAI

Word Search 29

```
T A E B M U R D V L G Q K D P K V N
K J M R C M G P C Q G N S A G E L K
Y H H A V A N E S E P H W O I J E R
W J O A D C N R Q R B V S C E K K W
D A Z U B T C S M N M N C V K I E I
Z A O G G W B K A G M A L T E S E N
C F N V O P T I N O L O E K V A V E
B K J A A I V K D H E N I U V E P T
B A S S L I N E O Q M A R I M B A F
Y C J W D R P L L K G L P N M V L F
Y J I C P V Z X I U N P G H Z J Q I
A B I Y M J V Q N V P K V F D X B T
W K G M K P P P W A S B F U B S P S
S M T B G I E F A S T H M Z C T W A
C X X A B C B I G Z I W R H M X M M
L G F L U W I F U X L E G A T O W B
S S W S O L S I P I D L B Y B D W G
V I R E O O P A K E E P G U I Z C Z
```

Word List

BASSLINE
CYMBAL
DRUMBEAT
HAVANESE

KUVASZ
LEGATO
MALTESE
MANDOLIN

MARIMBA
MASTIFF
PEEKAPOO
KAI KEN

Word Search 30

```
T S L O X E I P Q K D F O J F B X A
C F D L B C U N Z T U V I U N U I R
I N Z Q L J M P D P X I E L B U O L
Q B O Q F H U R F E A B U P U G E X
F F R U H W U P P E K I N G E S E U
Y B B S E L D O O P I O O J J W D Z
K O Y J W Y W H T P Y V M M Q P T T
S R W T R J X O S A U O Q F I E C H
V I C C A U H T K K Y L T I E I Z I
Q G F K S H S B U O F U I M S G X H
D A K Z T J K J Y P N N N R A D Z S
R Z R Y Z L Q Z D A M I C M L Q N O
D B E O F Q T T E P P A P M U R X E
E W T F P U M I Y I J B U B K B I W
Y G N I Z B Z U O L E I G D I Q W K
J I I P N U A V M L S H G Q E B B F
T Z O P Z U O Z A O Z S L T X Q I Z
X E P O W Z U R S N A N E K S A I J
```

Word List

PAPILLON   PUG   SALUKI
PEKINGESE   PUGGLE   SAMOYED
POINTER   PULI   SHIBAINU
POODLE   PUMI   SHIHTZU

Word Search 31

```
C N I D D L S K S P Y S Q M K O K O
Y B R Y P R O K I J B Q V J B Q K U
T U V W H C L B P P L G M I Z N U I
V K U G N H O T I H G U O L S P F C
J U T S W A L U C E P L U V B K F H
B L D A C T Y C O T A C C A T S X A
W E B V N D J S P R K O M O O W N G
T L S K S H O R P U O A V R U E W T
N E W N K T O B H V B L P G G P I D
E F X Q X P O U N Y B O E A L Q F B
F B W O C Y R V N Z T T T N Z I T S
D L S O B J L T E D X H T H M A F K
V L B C R Q V O C R X T M A N U H X
E T E M P O G Z P I T Q U P G V E S
U W A L J X S K Y H S U H K J P G O
W Q C F I Q W V D O O U R V R V B H
W Z I T H E R V L H A N C E K N P B
Z L A J O S T Z T A Z X E U B M H G
```

Word List

- ORGAN
- OVERTURE
- RHYTHM
- SLOUGHI
- SOLO
- STACCATO
- TANHOUND
- UKULELE
- VULPECULA
- XYLOPHONE
- ZITHER
- TEMPO

Word Search 32

```
D H S L U M W Y Q L Y S T S C Z B O
K O J D S V R A K Y G W E R M R S L
S G X I N E O H P W O Z F G S O R L
K U G D P V F T X N L D H R I P G F
A X A W F A Y U I D O O M E N K U Q
V P R I E S V W C W K G A Z O K G G
S M I S P S U O P L R T H X D A P N
W L S X L A B P G C A Z O J E R G A
S E T R A C G O D B B U U C H L M N
F O O E X O U B R A J M N M L B N Y
E Q P I W X F A H R C S D V S A V A
X P A I N V I R T K D I I E U R A K
D V W E F J D K Z S I T S R Z K H R
Q B Y Y G S R T Q L N A M S Y X W B
L W C Z L I F R P E B M N O A K U L
B N J J Q L Y I W Y R G I Z M X F G
H C Q U S C X S U T K O M I B T O L
G K D E A S T M U J G D C J J X T T
```

Word List

ARISTOPAW DOGCARTES HOUNDISM
BARKOLOGY DOGMATISM KARLBARKX
BARKSLEY   DOGTZU   PAVO
BARKTRISM HEDONISM   PHOENIX

Word Search 33

```
M H R O K S Q N E K O K F V X H H D
O B C B F L C V K P U P U S Q O M E
Q A X F D N A G N B C F S N L P Z T
R R T U T A N T M U S C A K W R J B
V K H H E X D Z A W E J S Q S V O Q
B I X R P E L Q D S T Z G O O Y V V
T S G W P G E B K A J E E O D H F E
V M A C I T X H O K K Q R R Z K P O
D I S G H W F U K O S J B V X H N E
L C Z D W R W W L M K J T D U J Z O
B T T S T C L Y N F M I K P M R F A
J P Y S L P Z G U E L P S C W I E T
M L U N I A M U D J Z L O H N X E N
I D N P H O J E B G R S P H O J H X
W B C N L Y I B E U T P C Q T Q X Z
Y L M G Z A O O M S I F I S W A P S
M D E R S E T A R C P U P B J F E Z
C A R C W A P O Z I U P F C Y A Y N
```

Word List

BARKISM
BOOKISH
CANDLE
MUSCA

PAWCRA
PAWSIFISM
PUPCRATES
PUPLATO

PUPUS
TERVUREN
VIZSLA
WHIPPET

Word Search 34

```
X D B H F T B V Q W C I D Z B V N P
P O M U K Y D V A Y N G J D R B Y U
C G M S I L A E R V U J U O R G C P
R A Q D W O Z M P W R E B G Z Y Y T
R L I Z U A D O W T R L W I Q Y X I
Y I P A W T I S M K A I T S Z S T V
S S I Y C O H X S J I I A M U D Z I
T M S I L I H I N N K S L D V X B S
C J K W B P J P P X Z W Z I L C P M
M M L W V M U O A S M X P Q S I G X
W B H U C S Q P R W Y I J V Y M A Z
I T A R Z I F K I D T I E L C R A S
G Y N D T W Q I S S M I Q Z L V F L
I N J A T A S M Q J M Q V X G E O G
Y U G N N P X M Z Q E E S I E J N W
G N V C H Q C R M T X U M X S T Q K
N F V V L K X B A R K T I S M M S G
Q L W U F Z P U P A D I S M W W H A
```

Word List

BARKTISM PAWISM   PUPISM
DOGALISM PAWTISM   PUPTIVISM
DOGISM   PAWTIVISM REALISM
NIHILISM PUPADISM TAILISM

Word Search 35

```
L Z M S I Y H P O S O P U P T Q V P
M T F B S D O X U C N B R I H Q X O
S A O X Q G B B K F J P U M T L Y D
I K D C E T O O G U S E S S E L L Q
V W L A M A K M R O R V N I X J B B
W U T O G E L J I J N D O W C T S I
A T F W W I U Q U Q R Z U A U U Y J
P R H R Q B O V C T G U T P D N F F
P U Y Z O C A S N P E K D N D R M X
W B T J A K P P U C Q D K E L B U R
G W Z A W A G I S M Q S V Z E Y W S
P M J S Y A J N U Z E G Y F M O C L
Z O Q O S M G J E O U Y J G K V W X
V L C B A E M D U E G X C F W D W H
M S Z A T K G O O B E Q L V N C Y X
F E D I N V S D E W C L A W K F C W
W G N S A H C Q M F G U W U X E J L
T U X U F U Z U G T D G N T A M E Y
```

Word List

ADAGIO
CLAW
COMFY
COZY UP

CUDDLE
DEWCLAW
FANTASY
PAWVISM

PUPOSOPHY
SNOUT
WAGISM
ZENPAWISM

Word Search 36

```
U C F F W T B E A X U H Y W E K L K
D C R L E K W C K B X J J H O H X V
D Y X A B D E T H P W G M L K T E M
S L J N H V O X Q Z K Y R G O Q W K
Z P H K B T E Q P V V W E C H Q F D
F Z O V M Z L Z L M Z W V C U M U R
X E L P S T I F L E U P M M P M X Z
J Y F C H D S M N D X M P U Q U X Q
S E C E H U W O B L E U V R T H I P
N S H C O L E P N J W R E H N O X X
D Z Q T C X Y H X T V F A Y O Y H Z
L V V Z K U F N O E I X R P Q H A K
P G Q E S D Y R E C B O S N Q O D Z
D Q A Z D Z W T U Y K H W W O R Y L
R P A S T E R N L C P V N S K S P S
Z O D Y K F K L E D E H S H R D E S
I E C S B I E K A C U K F X Q O X G
Z X P Q Z X N M W W W D S E A Z U P
```

Word List

EARS
ELBOW
EYES
FLANK

GASKIN
HIP
HOCK
HOCKS

NOSE
PASTERN
RUMP
STIFLE

Word Search 37

```
M G S J C I W N B T E E T H S J S D
O D B W A M O P V P N D O D B R T N
L X B L B R C R W O B Q H T S L H A
Q C W E Y M H W S Z Q B D G W Y I Y
P I P W L N E O H J U M P E H V G G
Y R E C O N D U C T O R E A I K H G
E Y L F Q H A J K T U B T L S F F Y
K L O F R A J T O N G U E L K Q R B
B A R I T O N E G R R Y Q E E Y D Y
U Y A L V N N K B G M Z O G R R S Z
I J Z N K J S G N W Y O G R S B R D
X F Z B Z T L U S Q L S C O A I Q Q
V I C P Y F C S O B T A F S Q L V S
C J A P T N W Y J L G R G O C O Y R
F H U I V K N L X L K I D Y R X Z K
I E O P G J N R M N W A D A D T K G
E O M R S J D U E T X L W V I T E L
H R B Y D K P K I Z W B C A X M B R
```

Word List

ALLEGRO	CONDUCTOR	TEETH
ARIA	DUET	THIGH
BARITONE	FORTE	TONGUE
CHORD	LYRIC	WHISKERS

Word Search 38

```
V M E P S L U K S Q C A X A C I T K
X I S L G X U N S E E Z J M G S D B
U W F X N N G S C B Z V S H A M F M
M H A N E A G K O Q Y X B C V T Z M
W M B Q M V W R R Z K P I A V B W R
E S V O O X E G E Z Q O A R C Q N Q
N U T N D U O Y O U C L L Z J K F Z
O K O O B G N O S U O W U T K A O W
B U O F A G V G Z W C D B W N M X U
L T H G G V I R K K X G K J L A K T
I P F B P C U R I H Y S S R N O P X
A P K N J A E W T B P K C E N V I S
T P Y J H R L P Q H C U W S J G Y N
J A G K U V O M R C M A O B R M M O
J T V T X P W W V A Z U G U V P X Z
L G G A S Q U A R T E T W E S F F I
C D B J Q R E H U V L G E L E R O F
Z Q I G Y N Y N E X N N R H A A R H
```

Word List

ABDOMEN
BACK
FORELEG
GIRTH

LOIN
NECK
PALM
QUARTET

RIBCAGE
SCORE
SONGBOOK
TAILBONE

Word Search 39

```
B K T J M L W P P Z F D Z X K X E E
W X L R T Y D G E L D N I H N D K A
Y N M X U O Y S H Y S W D K P A V E
K Y V X K N P J O U H C I K V P T I
G A D I V J K L R B H H I T O T D T
F J M Y I Y K W I H Z E C I H T N N
B E S V O I R T R N I S C F W E T E
J N H Y Z A C U F R E T U H W Y R C
A S O H U W O I X M D J J M W J J S
H E U L Q O M P G M N U G U K O H E
M M L V G J P J V R M K N B T S B J
W B D T Q G O Z W L M V T R V V Z K
O L E R U H S U W G S K I J X L D C
V E R U E S E L X S E Q K Y C D O A
P B U N D E R L I N E X B B M A K L
V O K R N I Q Y C C J L Q I Z L C M
X B I K K H K G N Z I S Z Z U F N N
A Q B W R I S T N M I V T K M K X X
```

Word List

CHEST
COMPOSER
ENSEMBLE
HINDLEG

PAD
SHOULDER
TOPLINE
TRIO

TRUNK
UNDERLINE
WITHERS
WRIST

Word Search 40

```
I Y R M E M C Q Y N M Z V P R V F P
G W D R R U K Z K S A Y X K C K P W
L S K R N N F N R L V O W K N E P P
E Z Q F F V R R U E O T Y T S O K Y
K I D C O E I K J E S E M H J B K S
Z P M G R M H J F E D I S E R I F Y
X U I I E K G H R E K C I L F A V P
M G N E H Z K E C N W G B C E Z L T
V F T A E G A A S R L P V F Z L N O
G I O B A J Q R F D O U I H I K L S
P C E R D Z N T L T E W X H L C E O
Z B L R E D E W L A P E N V A H E N
U S R D M F K I R R L U D I C K N A
P P B I G X A C R F P V I W O X C T
V Q T N S A B C T Q Q R U H V C C A
Z L A G X K C H E V F Q N O T E S Z
V W B P I C E J J B L A D D E R P A
N T L S Y D E T V F M B B S P C M L
```

Word List

BLADDER   FIRESIDE   HEART
BRISKET   FLICKER   NOTE
CROWN   FOREFACE   SONATA
DEWLAP   FOREHEAD   VOCALIZE

Word Search 41

```
B W M G X M L W O J G S T O P E E W
B E N O F O N W S N T Y X O A B B Z
Y K E C F Z B R P X A F G N U J M W
B D U A Q O G N G H S P X S P O L L
J O H S E L A E Y Z H N E T F I Z L
Y P T X G R Z C E R F E E Z R A X U
V H A R P E Q K N Y L E A Y P H B N
U K B Z E V O L D S K L F G Z C N G
Q H F O L I G I I T R P P A S T A S
Z Y G V E L E N K R J S C T H O M G
Z S M H Q J N E F U O R G L H H F D
W A J R G G O D V I G B T P E T D S
D V A J V A M M B J I A D R B A F Z
C A K T L W A Y S Q F T C W Z O A K
Y S X Z F B N V J Q N O V X U R V D
E X A Z U Q E S C V L S Z G D H U C
E J W I Z X O F F C M N B E I T C R
P G I M E F G U S Y V F Q L Z Q F O
```

Word List

- HOT CHAI
- JOWL
- KIDNEY
- LIVER
- LUNGS
- MANE
- NAPE
- NECKLINE
- POLL
- SPLEEN
- STOP
- THROAT

Word Search 42

```
P E G A F K T E Y E L A S H E S W D
X H M C M A H J O Z K B U E J W R M
N M I S R K C A Z K B A P Q T A V L
D A U O O C D W E D K L D B A X O O
I S F H D J P W U N K T C W H H Z G
S Y Y K W D M X C O K J P R I B A F
L B F Z P N S P O S D F A N G J I I
L J W P O W S T A T S D A D S W Y R
A L R Y D B K P S R Z P N Y L Z P E
F K B R U N V W J I S U R X T B G O
T R G D O C K M D L H O E H Y J D L
H E S O P M O C G S Q S T I M C S T
G I Y W G Y R K E S S T N X B R Q C
I C H V Z B Z I Y P M O A H Q D C Z
N C N A M Y A P E I O H L K Z Q G G
D B B V W S X U O L R Y Y H U P F Q
V C V Q S E G B E N V I R P V L V U
C H O C Q Z J F L M H V P D G U G B
```

Word List

COMPOSE   FANG   LIPS
DOCK   HOT SOUP   LOG FIRE
EYE   JAW   NIGHTFALL
EYELASHES   LANTERN   NOSTRIL

Word Search 43

```
G P U S H T H R E J N P N N F A I W
Y N D S P M A G J C U O L Z B G S K
Z X G J H H M N U U F S Z Z E S U C
E H C H T V I K U E K I C C R A T E
B T A I L B A S E E I T E L E M B P
N G P N C L I C K E R I C C Q M A R
U C T W N B O R S N A V T Z O W F E
F W U W W K V Q W B V E X X K M P I
Y G R H R E C T U M T N D M X W E J
N W E P U B Z B D B J H M H M V S V
C G V I S P A L A T E M N G V R R N
J O G T A Z R D S D Q G K H U F P Y
C L A S S I C A L N R Q L W U K U Q
G X P E X T J B S A X C J J A W X L
Y B G Y K P D M R M W Y K M V D D X
K F U U E E T G J M Y A P I I Q U J
C H A I N I N G J O F L E C E X H B
D K B W D Z F W C C I O D D F O F E
```

Word List

CAPTURE
CHAINING
CLASSICAL
CLICKER
COME
COMMAND
CRATE
CUE
PALATE
POSITIVE
RECTUM
TAILBASE

Word Search 44

```
N S N V T I M B L L A C E R Q Z E P
L E S A L O O F C M A R K E R V V P
T U O D L C G O K O V O X H I G F R
M A R E J G T S P Z H N L Q E D Z P
I O I I E O F U E E Z J E S T R G M
R Y D O N V W X D K R R Y I J W R E
J P G E X G H T Y J U A Y O Q I T G
Y N I G L N D X Q F G J N D V W J N
V S C W I I R J M W V W M T C T O I
E D T G T X N O H Y R U T A D F U P
J L F M Y X V G W N M A A K O U Y A
G N I T E G R A T K M O E F W F I H
Z O G X W O R B E Y E W H T N Q R S
H P H B D O B E D I E N C E T A E U
A C I C N K C M K N T Y A R F W O Q
R E Z F G I Q Q P D U Z R A B A N P
Z T W M C S M O Z G K Y T T M D A N
M I M I C R Y V Q X H Z H Y S Q C F
```

Word List

DOWN
EYEBROW
LURING
MARKER

MIMICRY
MODELING
OBEDIENCE
OPERANT

RECALL
SHAPING
TARGETING
TRACHEA

Word Search 45

I	H	L	X	H	F	B	E	H	Z	S	F	X	P	S	K	V	F
D	A	Y	S	S	R	P	J	W	I	P	D	P	D	J	U	U	J
K	O	T	T	N	D	N	E	S	F	G	U	I	K	R	B	C	O
H	K	L	L	N	L	B	R	L	E	H	H	Q	G	B	W	J	X
T	Q	Z	L	E	O	C	L	B	V	B	C	F	K	Y	C	R	H
M	M	V	Q	J	A	S	F	A	E	I	R	Q	I	C	A	X	X
X	F	I	N	I	P	V	E	U	D	K	S	W	M	V	O	S	Y
R	A	S	H	E	H	Y	E	W	J	G	Y	R	S	P	E	X	V
K	U	B	B	B	P	G	H	H	I	O	B	A	M	N	X	L	S	I
Z	Q	J	U	M	P	A	X	U	T	R	G	J	X	X	H	E	N
X	Z	X	Y	K	A	G	T	I	J	R	K	U	P	Z	P	V	R
K	M	O	F	F	G	P	K	I	U	J	D	R	O	P	I	T	K
P	L	P	R	G	I	N	S	J	V	S	Q	A	X	P	Y	C	X
B	X	V	T	Y	L	X	D	Z	U	E	S	U	S	L	F	S	Z
U	U	B	G	S	I	M	W	N	T	A	R	E	X	O	O	B	B
M	I	E	E	V	T	W	F	P	T	C	A	I	I	U	C	I	W
B	X	G	I	O	Y	I	J	M	G	O	N	S	S	L	U	R	G
U	A	S	D	U	F	S	K	T	S	M	U	G	C	B	S	D	Z

Word List

AGILITY	GUMS	NEGATIVE
BEG	HIGHFIVE	NOSEWORK
DROPIT	JUMP	PELVIS
FOCUS	LEAVEIT	RIBS

Word Search 46

```
T D K C T U Z H X D Z M E I M Q V S
T P E S C M G P S I E Y L H N F W M
W P W P W F T J T B B U T O U C H U
W T P E O T A R G E T Z K D C V D M
V Q Y A H B W Z Z H M B W L F A G Y
Y V J K M N L V Y Y X W A O F S C A
L Y G P X U T L N K Q M F M D P F J
Z P Q R D W B U R I L B F K H V H P
S T K W O S A N N L A K O G A Z E D
C K U I T L Q N U N C E L K N A N W
R X W G D K L A C U E J N H F S Z H
U B P H P V N X Z D E L X U Z X Q N
J V J C Z I I F Z A A T G H M R T F
H N R E V O L L O R I C K T R A H K
P J V F S Z O D L I W H I S K E R D
U L O G P V Y N T M D P N E K A H S
K F E T I A Z S O K L H D I T N M O
K I G T N I A J A L Q W Z W U Y X Q
```

Word List

ANKLE   SHAKE   TOUCH
OFF   SPEAK   TUG
ROLL   SPIN   TUNNEL
ROLLOVER   TARGET   WHISKER

Word Search 47

```
C O F O M T N Z G G N I R U T P A C
S V C B A D V T C E I U R B X B G X
I H X Z A L W Q G N I E U C Z U M E
D X M M R U L G S D G C T O B X R H
C R N O N N A C U Z J V F L A E H H
H R K V J R Y V J N A F C U C E Y A
A E S E Q H Z I K Y I W W D K B B G
I J J L W G U I D E K R S I C S Y W
N C E N F E I I N K E D W L H I E A
F I O O N L R F L Q E K N N A R W N
I U Q A Q Y Y U A N J B E S I F Q U
N S E D T K T B T T T C K K N Y R W
D K A L P S B F A R S E D R A U G C
M D E A O O L E B L U S N S P C A T
I R K X N M W E D L L V D W T B Y K
X S I P D U R Y S A S S H R T U V M
G T I X H S S M R G A D L W Q I U M
B Z B I D Y T O M S U P R A C J B D
```

Word List

ANUS
BACKCHAIN
CANNON
CAPTURING

CARPUS
CHAIN FIND
CUEING
DISC

FLYBALL
FRISBEE
GUARD
GUIDE

Word Search 48

```
P G J V W P H N H Y H S M F I N S H
F N F O Y Q Y V K Q D N V A S Z X N
C S E R V I C E C N M G O J S F Q G
E Q S N C F D Z T H E R A P Y G F H
Q I U T L A P O L I C E G E Y F K T
F Z Q T P F N S T M R Q C T O R U W
E U U M J W F P D A E X I T M Q F Q
R L U N B Z Q D L U H K M R O E N R
H S L T K S S E A R E S I M D I S T
H E P Q A K M L H H V C M G E U K P
E A R T G D V D O E H Q I X L Y C R
W C B D W X C O L O N D L K G H O X
L D H I I R O H J P S A F L Y Z T A
X Z I E T N O O X B J X B Y Q B T W
E G Z F E U G H V F P W Y S Z J U H
D J K N H K A Z E J T Y Z Y Q X B F
N I Q Q K F B T Z Q C H I X D C M J
Z B F Y X U Y O E I J M H C R A E S
```

Word List

BUTTOCKS	HABITUATE	POLICE
CHEEK	HERDING	SEARCH
COLON	MIMIC	SERVICE
EAR	MODEL	THERAPY

Word Search 49

```
I A Y E P O W G D P G N F D K Q D P
N U C N Z B R A L D O S M C Y G S U
T P H A N T E Q H L L H V A V R C F
E R O V V H D T I B V E A J W O T R
S Q O E K X R K Y C T C N X D I T W
T P D L Y A O J U S O N U D N N K W
I U K T Q E B F I Y S M T S G P Q C
N B U D I H L Q S R W R P T T L S X
E U E X U L O I F J I Q B A R O L N
S F P R G C M W D O H S N U N M M Y
H F C G Y W D U P V Z Q X O B I Q S
T G N I T R A C G I I N F M H R O J
N X F C B P F F B W G Y M G H Z S N
X I Z N O I T C E T E D X E N J L E
T B M O B W S L R D H A I K W Y D U
K P W A Q W P U P I L R U O W E G D
F E M C E E N I Q B U H Q B L E G G
Z S L R D N D W F F Z R H Z U Q Y H
```

Word List

BOMB
BORDER
CARTING
COMPANION

CUSTOMS
DETECTION
EYELID
GROIN

INTESTINE
IRIS
NAVEL
PUPIL

Word Search 50

```
L X K O H D R A F T D D T D J T W H
L G J I C T Z D X F A E Y Y U R S U
T H J Z T C F H X R X G R R K A P N
P E U A H A D K C Y D N A R J Z I T
K C O T S E V I L Y G J T N W N N I
D S N X R K G H X K K Q I P S C E N
J U N Y R P Q W F T V T L R G S S G
Z P L I A F F J O S B Y I K U W U Y
I L I X F F H N D G H W M P R W Z F
T D D K C F S A Z D U E E Y D A V Z
Z V L T S V E L L R R P E E C T G T
R A D L C Q Q R K L H A F P H E M N
W G L O A Z L C Y G O T F Q D R A V
T S C J E U V H K K T W Q H X O T B
B Y K V L D S X O P N Z E P U E G L
M J Y K I D Q L S J Q U L E J H S G
R D S D T X A W E C K L S S N C B H
Y T H C T H A O G D C B G S P N C T
```

Word List

DRAF
DRAFT
DRUG
HALLOWEEN

HUNTING
LIVESTOCK
MILITARY
SHEEPDOG

SLED
SNIFFER
SPINE
WATER

Word Search 51

```
F A B G K A U L D M Z S Z A C M E D
A T O E S D X R G G W T I U H K A O
Y D A R B O R D A Y U N M L L Q R G
I H B X R X R J N M P I A B R Y T B
F A R O L B E B S V E A W Y M T H E
E U J S W W W M B E C S V H G J D D
X Y Z T R T S Z O R T L L N A Z A U
I N D A Q T I Q H T C L R I I K Y T
Z U E H A Z H E M E L A I L L U J N
J W R H K C F M F B X F W R F H B M
Q Y U W Y S W C R R G Q L P Q B Z H
J K B Z L P M D W A X T Q A U R Z C
S T O M A C H E O D O G I Y G W R T
W V N B U X O C N H G A W R X D L L
K E R M H J Q V I F O I B I I S A S
P M T K J X I Q T A O C N I A R A Y
G N L H L A B O R D A Y S M J G C Q
A Q I G O D O G C O A T I A J E T Y
```

Word List

ALLSAINTS   DOGBED   RAINCOAT
ARBOR DAY   EARTH DAY   STOMACH
BOWTIE   FLAG DAY   TOES
DOG COAT   LABORDAY   VERTEBRA

Word Search 52

```
G G R Y Y K Q I H W Q V W M B I B U
Z K A S M K K L A Y S P A V M S S S
P A E C Y I B C R O J V U A O Q T V
D H Y A B X H A N T X C U L A I K I
E E W Q Q A Q B E V C R D E N M V M
V X E J E A C G S P C O Y N I Z S E
T H N P O Y V K S X R T C T D W J J
E W R U S G B P P M S H B I T D V Q
V A F Q Z U K U Z A D W N N A K T L
P I S E P I L L O W C H R E G L J G
D I H T X P W K S N J K E Y G M J S
W H X G E T Q L A R O V M I A G O B
A I T T K R H V S J D K C W T V V M
S V K B O T Q G G M C Q A A G M Q Y
U J C H I D E A W A Y N A T O D H Z
B O I N N Q N Q E C G O I A D S I D
S E P J K L S Y F L J A Z F J B J I
V R E B M E Z J H E A R T H J M N Z
```

Word List

BACKPACK HARNESS   NEWYEAR
DOG TAG   HEARTH   PILLOW
EASTER   HIDEAWAY VALENTINE
EMBER   ID TAG   TOY

Word Search 53

```
N L G C C C Y J E Q V A A C W C C S
S F A C X F E N Z Y U C G L V Q Q R
D B N C H G H B G X N H T M M I T U
N B K N O K D V A P O E L O M J K P
D E G I M J A M D L O W Q Y W U C B
O O N R E I K I G B L T R A I E L C
N C T E Y R I K E L U O E O W C L O
O I H P O T T R W T N Y L J D Z N M
K P W D L A T V N K A L T D B U I B
I L I I I A S X F A F J N X S S M L
A U A E S W I C B W B D A C Y D M B
C S C M S W M D L U V W O V O J N M
Q H C K A F K A F W L G V G G D L J
D T W A B T X P S E G V C W F S L I
Y O M J W C Q R E F O T Q Q F O Z E
H Y M Y S T E R Y Z G T O J O D O R
A D O H Z Y T H H W R V T P M W S D
T A B A P M B M P H V U N U Z Z L E
```

Word List

ANTLER   DOG FOOD   NUZZLE
BALL   HOMEY   PLAID
CHEWTOY   MAT   PLUSH TOY
COMB   MYSTERY   TOWEL

Word Search 54

```
S F M D Q R M Z E G L J R I Z Z S K
B O F P A W B A L M G T B N E R K I
Y O B V W B A D O G B R U S H J I V
J D N N G N X P D P P J I O S U V H
B B F Y G A D O P I N B R U S H S O
Q O M E P X I T Y F S U P W U C M K
W W V Y R E H B Q S E I L T Z S T C
H L G C R A H R O P E T O Y R K F
N M L S L R W K T I S K C A L A N R
V T J Y R U Y H S L Z A O H H P R C
H R E H Q V S R I E F T Z Y T P M P
J E L C U P V U U D U I L C E O K P
V E R X A U X G Y S E B J O Q B Y P
D B I G I S A S D A N M S O F D W F
X X G F N Z I O E U F T A S A V O R
F N E C T S S D B T R E A T J A R Z
R R A T Y O T G U T N X W G C L Q E
S W H D J Y K B M D I N D L O P X Q
```

Word List

BED
DOG BRUSH
FETCH TOY
FOOD BOWL

PAW BALM
PINBRUSH
QUAINT
RAWHIDE

ROPE TOY
SAVOR
TREAT JAR
TUGTOY

Word Search 55

```
Q V V I R X O F S B S O F T G L O W
D U E V M U U D D E N X E F T A S T
E O X W B V K D D A R Q V V X V N W
T L G M G Y S G L U N E I D X J C Q
J C F B W E H C G O D X N O X S Z K
V M V N A Z L E T W R M K E V K I Q
K C Y S W L A N U B I S W V T C P S
X K K Y T H L M T D I K Y M V A C F
K P L W C I Y L X R G H R Y O T K J
V E S H I S L Q U K A V V B Y S E V
H N D R F N A L E N S N P K J Q C Z
W Y S L V U X U N X W L Q X Z L N I
O P P X B G B I T E B I P U P I E E
A Q J W T H S N Q L S Y N F I N L B
K X A A V G I O Y G Q S K D F L I F
B A B Q E R I I S C R S F M C M S F
J L A L K D O G C O M B W J P S M V
Y O E X X I Q K D B E W N P C A E J
```

Word List

ANUBIS
DOG BALL
DOG CHEW
DOG COMB

SERENE
SILENCE
SNUG
SOFT GLOW

STACKS
STILLNESS
TRANQUIL
UNWIND

Word Search 56

```
S R T A M G O D F N K L A Y L P O P
H U R K E Q S P E T S G O D Y G D W
Y Y P F S R L C D D L N W S I P X D
T D H I V X Q B O C X I I U D R L D
X S S H L Y H F G K F I F R O Y P F
J D T S S Z I O S E D E B E G D G K
M T O S F G J G C Y P W C B W O B N
X Y J G J Z Y X A Y K D H R I G V A
A P N C C G L L R J F B S E P H W U
V O F A B R O D F D X T A C E A L L
J X C X C W A U Q V C J E I S T Q T
H A E I R V W T T Z T W L B C V D D
X D W B G A B L E Z A S G C K K O W
I V Q D O G B O O T S H O J G O G K
P X O H Y N C B F W C I D J F R R J
U D V M V P G G G B E P R V M A A Z
Y H I Q D O G B O W T I E F Z M M V
M P B M U C F P T Q P O J U Y A P B
```

Word List

AMAROK
CERBERUS
DOG CRATE
DOG LEASH

DOG MAT
DOG RAMP
DOG WIPES
DOGBOOTS

DOGBOWTIE
DOGHAT
DOGSCARF
DOGSTEPS

Word Search 57

```
O S J U L N D P M V B E M O F P Y D
E V L B G H M Q I H W M O H W Y K V
Q J X D S A F C U U T V B G K S Z W
O V B W J D R Y G U L A V Y A J O Z
I C Z R M T B M H E C U B A W I R R
C A D E J O M B L R P O V X Q Y T F
T F R R W G B I T A V D R N P T H E
F C P G C X J V U K E Y H T C B R N
E X G W E T M A K O S L Q L H E U E
N S I R S P I B U M Y Q A D F O S I
R V L B P G H A P A W P Y P L G S F
I Y Z V J A D R O I D W B D S W D X
R X H H A T I G U N Q F B O S C I M
F O A O M P L H Y U W T R F O G E R
N J G A F J R E K T R Z L L B F V Z
R E Q V R V V S Q Z J D P X C L T E
K I T S U N E T L G H P G K D T R I
P F D O K P E G J T B S N I C L T L
```

Word List

BARGHEST
CADEJO
FENRIR
GARM
GULA
HATI
HECUBA
KITSUNE
KOMAINU
LAELAPS
ORTHOS
ORTHRUS

Word Search 58

```
F J S F A C N O V X V Q F D K N H Z
J O R L Y D S V W L K M P R A E W J
Z P P B N G O U A R J B S X E I O W
O X M R H R F B Y O Y N K T X A J J
S I L E N T T W Q A T G O B O R D A
I N J P K I N N Q H W K L Q L K X O
E T R A K A E V B L T W L B O I K G
X Q X M D Q S S E A T B E L T L Z S
R R N J L R S L T A U N C Y L A P Z
B N Z T A N U K I G J G I G Y Y R J
K M Z E B Z P D C T P R Z D H C Y S
D C I Q Y V L O C S B O M X U F L K
V Z H K H E W G Z Q F W Q F P D D Y
R V F F Q L I T X B L S Y Z N C X F
M Z U O Q V J E P O O P B A G S K F
I E X H D E C N H W U I E D Q N W E
I N B K X T L T D E B E V A R T T N
Z H G K Z O U V V B U H G B U Q O M
```

Word List

DOGTENT SILENT TRAVE BED
POOP BAGS SKOLL VELVET
READ SOFTNESS XOLOTL
SEATBELT TANUKI YALI

Word Search 59

```
N U C E R E B U S C Y Y M L W G N J
L Q J X S I R N A D X S A D V Q U D
Z E H K L P S U Z N N A B W T B T M
S N Y C X F Z E B U F A D V V R D X
A Z Y U F H O Q G O T B Q Z Q M X P
L D H S X C J D K H K A I W E L H Q
D V S I T U S W D L R O M D S R K Z
Z R R D Z F L A L G C I S V S C T
C S S H W O K N U E V H X R Z G Y V
G W J E Q I I Z J H M K C U F C N Q
A X N I F H I Q C H O L L I M A O Z
R A Q A N N U N M D Q C D M Z Y I B
M T F U N D W B U Q D R L C R X A S
R Z P M W N O Q K G S T I M M A O I
C Ŵ N A N N W N B L A Y M W F G U X
W E W B D K O N B L V M S L O J Y B
V C J N K U W H D T Y M I P D R M Q
X N N U Y L V Z D W H I S P E R Q A
```

Word List

ABAASY
AMMIT
CEREBUS
CHOLLIMA

CUSIDHE
CWNANNWN
CŴNANNWN
GARMR

HELLHOUND
INUGAMI
JINDO
WHISPER

Word Search 60

```
J S C O R P I U S Y P H O S C M P P
E E G S H A R P E I E B Z T O E V U
A T Y H K V T Y Q B X T U I Z D L B
C E Q S U H C U I H P O H C S V X D
T W X C B O I C P R D P E H C X W O
B A J P O J G E K Q G D T E O H J V
S W S V A E Y X W S N F I F F U O G
L P L D D T R W L L C O K Q T H N F
E E E T H A E N U R H U A S S Q H D
I W I T E L C Q Y D Y Y L S U B S V
P W P F N C A R R O T K S P H A N L
N Z N X F R D L V F F T E P T I W M
I M E T T O W O E S M L C P G O S J
R Z R O T B R L A I L Y G B Y W R A
L K K U E O K A R U G U L A K B E D
Z W X O I V O G X S D F I S Q Y K Q
F B D F S L E S S U R B T S C Q D I
Y C Z N L A A B W T F G T I T U P I
```

Word List

ARUGULA
BRUSSELS
CARROT
OPHIUCHUS

SCORPIUS
SCULPTOR
SHARPEI
SHISA

SLEIPNER
SLEIPNIR
WEPWAWET
YETHHOUND

Word Search 61

```
V O Z L D M T W X K N Y R B I Z R Q
T K W S I W N Z C T E G A B I J A H
S K V R X A Y Z V N B L N C C M P U
O A J A I N U Y N M J C P T H L Q T
P Y P G M C N A I N O U T I M G D I
M B R Y Q L F Z Q I Q I R N E G Y E
O A M K U T D S N W L O R T H R O S
C O C D E H C O L C Y B Q X O D A X
H V M I W M I R A G A S V M Y L Y Z
C J O L U P C A A K K N V K F O W V
O T I V L H D E S Q D S W Q U F U Y
Q M O A T M B E J S U J I A R H L U
Y M R N R T F W R N D A Q F Y T V X
T H Q H V H I Y R K U B Y I I P L R
Q J Q T L P U U L Y W O X F F W B B
F E C M X A G K A R U R A W G B T L
J I L A N Z N Y V S F W X X C V B S
T Y P W L F Q S I M A R G L U E Q P
```

Word List

BYAKKO
CLOCHE
COMPOST
GABIJA
KARURA
KELPIE
NIAN
ORTHROS
QIQIRN
RAIJU
SAGARI
SIMARGL

Word Search 62

```
U D N K U R A O K A M I G D Y T A E
F S V V A O C B H W J Z X H M E I T
E P T H P G B A E S I J U X W N V I
N D O H U O G N A I T A G S L G S D
A I R O V G I X J J Z V T H A U O D
Y K E F K L A M Q I Q G O F B L Y A
G Q R Q X A W X C F W P C A C N S L
X W Y E C J L Q R Q N U C B S D K I
M H D R E A M Y I C C A T L Z Z V K
H H R Y Y A B Z S H H B A E Y U R D
O W A I A E J C P H Z K Q S E L E S
W C N M S S B D G J O I A E S Y O R
L Z G H G X I P D P F M P J T P K K
S O D F C L V J Z A Q G E A N T Z V
Z S A Q U Z C T I I U J N L C V J B
S R D K E M M M U L K S P Y Y N D B
D I D I D X A J U Y V H J P B R A V
Q S T S G N E W W N W V Z I D I C M
```

Word List

CRISP
DREAMY
FABLES
HOMELY

HOWL
KURAOKAMI
POOKA
RANGDA

TENGU
TIANGOU
TIDDALIK
ZIPACNA

Word Search 63

```
A G X E W Q F F O G D C L W P T A D
V O U T E R U T M E R U B Z H N D H
N U Z A H S P I R E O U K L D U A Q
P J B Q E A Y D L Y A B M I K R L D
D X A D Z D I G D T Y K P B Z G Y S
C L E T T U C E M G E O T D L M M X
W X U B W N C B S R S D W P R E A F
D K A L E J Z Q A V U F M A V V I D
E O A W T T X K E Z O G S R V D H J
D U H L E O O K A R H I S S E E W K
F P O B W R F V M C T L Z N M C Y U
B H P H O M L I D V O R G I S Q Z K
X B E L L O W Z C S H R D P C B C J
K S L N W L D H L X P J G T Y M V Z
D T L T O F B C U Z Y D D I T P V B
T N S K K C C L S P I N A C H M Q O
B U E G J Q Z U C L I N G E R S W S
I R R J P S E M F K K Y Y C X X T H
```

Word List

BAY
BELLOW
GRUMBLE
GRUNT

HOTHOUSE
KALE
LETTUCE
LINGER

MULCH
PARSNIP
QUILTED
SPINACH

Word Search 64

```
F F W X E X V E Z M U Q A O E Q L O
D S M X Z T V L D L K W N J V B R Z
J C F O O W F F H O P C H Z J L S U
L J P W S B X F R U F F R I C T M E
O B H D E E U P K S O T D S S G S
D F K Q E S X N E Y A G E S A T R A
V U Y R O A R S F S A P A Y F M L C
E X X U V X D V C F D P O K N L G E
E D A C O M Q K Q T Y V E I M H A P
Z C L L G D L E O E K Y C U E W F
O S C I X A I Z N H O O T T M J M X
L P N M I W Y Z S B I N P W B K T P
F A W K W R E P M I H W C D L E L B
G R O W L J M J J G E W R O E Q X Y
R H K J M F J A O J S T H S M U X W
M Z I E R Z K H K X H K P I U A W A
U M C H B O Y Q U D T X I X N O T B
H S N A R L H V L C S U U K W E F N
```

Word List

GROWL
HOOT
MUMBLE
ROAR

RUFF
SNARL
SNUFFLE
WHIMPER

WHINE
WHISTLE
WOOF
YAP

Word Search 65

```
G Q V L N H H F W X Y A P X M H N P
F U S B L Q C R E Y R B Y R K E M W
E H A P V T A I R O V V T Z R R X M
G M C J E X U Z I Y Z Y C D S C S J
M I I A N R Y C D I O Y O U W U E H
V A Q K V L S R A A C K G V T L P R
Q R O I Q E Y E N N Z T E K P E N Y
J Y T H U P Q B U N A G M R Y S P K
O L D A R Y E D S S W H I E E B N F
N R H A G I D G D P J W N B K C L Q
X Q W Q C S T T A S U S I Y C Y V P
Z B B P Z Y Z C L S U W N R A A T L
Y X A N R O F L J S U B A O N L L P
T K T H R E T C I G Z S E T Y E H O
S P R O U T S D A Y J P T V I V A O
E X C J E M A B Q A L I G W O X R K
D L U J D R I W A V J Y X E L U G G
G B S J U Y M Q Y A J S P L E Y C K
```

Word List

ERIDANUS   LYRA   TUCANA
FORNAX   PEGASUS   VELA
GEMINI   PERSEUS   YELP
HERCULES   SPROUTS   YIP

Word Search 66

```
B I B G J A P F V E B O R U Z H P F
E F W N W M Y R K F Z O V G A E V L
V D T N Q K E B B O F C P P Q C P D
H S A G I T T A R C O O R M Z Q L P
R H D B B X U Z X F T B U O U H Z I
B T G W E M J F O H P B F J O S O U
Y X T P G C H A T T E R G L F N D M
H V M I R W W R T A U R U S F V T
X O G T H E H R C D V D I Y U A S A
E S F R K D Y Y M G T P V G R Q X E
N S G D O J A B B E R P V D R A X U
V I L S U A L C L W Q O H E X R R P
F H C K Q Q N Y V W P L H A L V Z B
X G Y T J R V Z F K M C W K Q P Q X
Z P N W M A N B B Y V H C N Q V O N
K L S K N O T H S K M I R L Y T V W
R N R W U O D Z P C L R Q C R O A K
E X A B E T I B W J D P H S J K V J
```

Word List

CHATTER
CHIRP
COO
CROAK
CROON
GROAN
GRR
HISS
JABBER
MEW
SAGITTA
TAURUS

Word Search 67

```
B Q E K L R C Q A N Q R Z Q W Y C T
X P Q Y Y I Z K P S Q U E A K D N N
Q B X O S D V N J V G Q D B W O R V
Y I K W Z W B L Y J S H W I T G D S
H O R L N P I R O W D D Q E W V C Z
M P H L W B U N M W E L X R E V F
G N D L P H Q R D M Z A Z W S H V M
K E G Z M N H Q R Y R I A P S I R C
E C T X Q F L S I H D K L K Q I I R
I S C R E A M K F Z N A O J G W G B
R U Q N F H F A L V T F Y Q Q Q V H
H G M X K X C E H A K K U N A H I E
S X L U M Q H P U N D Z I F D H G J
I P F T T A Y Y P M A B C T D B X T
G R M W Z D G C P Y J N A O M A U I
V Y H E C G G I X J S F Z T M X E F
I B M W R J B K J U R K Z J O C S U
T R P F B L C U Q Z B P L E A D H Y
```

Word List

CRISP AIR   PLEAD   SIGH
HANUKKAH   PURR   SQUEAK
ICY PEAKS   SCREAM   WINDY DAY
MOAN   SHRIEK   YOWL

Word Search 68

```
M Z U D U S I Y I C F W C U C G U T
Y B X Z Z B R C V S P E V I B V X R
A C P O D X C K H Z X W G I D K Z B
S L C V Z Y N T Q W O V U H I M W F
F P M W C S X M P P U R R I H C B I
Y A Z T A C D D M I D B I O M C Z T
Y B V C C J Q T F C K K N V R L I C
R B M G K C R P C Y O J B W R J Q F
Z X H D L J C S U V S K A C P K I M
L N Y U E P O Z V E W U W W Z Q K V
C G Q C M L M O J I I E Y A G W F T
C B P K M Y V X H N U Q Y U L E F P
B L M C N E I G H S J D W I W S G E
U N S R K T R C L C L U C K K L E U
Z C R O W L Q D H L Z Z Z H C Q P C
Z Q Y R G B A M W B L E A T L E J T
D P A P Y A R B G P H X S K S A Y G
U A Q E I U H K Z S H I V E R I N G
```

Word List

BLEAT
BRAY
BUZZ
CACKLE

CHIRRUP
CLUCK
CROW
HUM

ICY VEINS
NEIGH
SHIVERING
YULE

Word Search 69

```
U F S U Q R Q R C J P Q W Y K O F M
Z S N O R T S R B S B G H I V M L G
T Y T F Z X U A L X B U I T L O F X
B R O G S N P H D T P B N D Z Y H T
N C V I D G I C P K U V N F Q X U W
S T E R R I E R E K A S Y K C T H I
Q A M C T V L B R S Q U A W K G X Y
M O N H A S Q U E A L K A F D O I M
I G N I S N V E V W R J Q Q D E Y M
T H O A O S D L J I R X Q V M P R R
O H I C V W S L X Z K X N U W J N L
N V N B A U B L E S P V M C A B F R
W Y K J F L Y C H S W O S D W C L S
W B S K I E P S G U D L C D Q X K Z
K Y P R Q S W A G O F G A R L A N D
G V U Z X E S B K Y X A X Q A Y A I
Y I P C M W X E U C J M O O T H Q A
P J B T T A B H R B P A C T W J A M
```

Word List

BAUBLES
CANDLES
GARLAND
MOO
OINK
QUACK
SING
SNORT
SQUAWK
SQUEAL
TERRIER
WHINNY

Word Search 70

```
K U C V O E K P O H S K R O W S N B
W F Q R G S J C F L E P J L Y X Y R
U J T S Y E O X C U O E E P U C H D
Z O Q L A N N A T I V I T Y U Z F P
Q L R R S R S V V T I N S E L T B J
J J C U D E R D K Q J Z C T Z Y J S
C E F D S B E N E P X O S R W U G
U M P O H Q Y D V L K C T L P C S C
H M F L O V X C S P P V M V F T S F
W E S P T U Q G G I F T W R A P J B
T E G H C D C X U S F Q T N K J N N
O C W Y O L J C E B V S M N C B Q Z
P O O L C Y O B S T H G I L U Y L S
H Q A C O L I M B N K D P X Y P N R
A L Y F A K B E Q U F H N G K K C R
T G T E C I Z A A L E T Y Z B R X C
O W I S E M E N E E T H H O R A T S
Z I I U K H W T U N V Z C W N D P L
```

Word List

BERNESE
ELF
GIFT WRAP
HOT COCOA

LIGHTS
NATIVITY
RUDOLPH
STAR

TINSEL
TOP HAT
WISE MEN
WORKSHOP

Word Search 71

F	R	S	S	F	A	D	P	Z	G	Q	H	C	P	A	A	R	N
N	C	X	L	P	Q	G	O	D	L	L	U	B	K	S	I	E	O
B	V	B	J	V	A	E	Z	E	Q	O	X	N	T	G	V	T	P
H	I	L	T	F	C	N	D	M	X	E	T	U	W	Y	D	R	I
K	Y	C	X	L	X	Y	I	C	A	E	V	X	J	V	H	I	N
L	F	G	H	O	R	S	J	E	T	D	B	W	I	Q	D	E	S
H	A	S	O	O	T	A	R	D	L	E	G	Q	D	N	D	V	C
U	Q	B	C	L	N	X	M	B	Z	Q	K	L	K	G	H	E	H
Q	P	U	R	H	D	D	A	P	W	K	J	X	N	K	J	R	E
W	D	C	T	A	N	E	A	M	P	T	F	H	O	U	N	D	R
C	Q	H	B	A	D	A	N	X	X	D	H	P	B	N	N	U	S
P	J	J	I	H	M	O	U	N	F	S	E	T	T	E	R	L	W
V	U	I	F	N	O	M	R	Z	W	O	T	N	U	K	B	O	Y
G	L	W	J	W	G	X	S	S	E	M	H	S	T	J	Y	G	C
R	B	Z	N	J	G	Y	X	P	I	R	V	E	N	X	Z	Y	I
R	F	O	X	H	O	U	N	D	Z	R	X	R	Y	W	B	B	N
O	E	G	Z	Q	K	W	M	C	A	T	T	L	E	D	O	G	V
B	H	W	T	U	L	P	D	V	D	U	D	J	S	W	C	N	C

Word List

BICHON
BULLDOG
CATTLEDOG
FOXHOUND

GOLDEN
HOUND
LABRADOR
PINSCHER

RETRIEVER
SCHNAUZER
SETTER
SPANIEL

Word Search 72

```
P H L Y Z S S R X N A M R E B O D C
Z L M A D U P S T N E M A N R O M D
P S P I T Z I O P U A Z G W R W O I
I A Y A G C Q W R Z T P K D F J E C
C Z E D U W I P M T K I X X D V P B
V M J S A B K D N K I P L Z O F X L
T V Z E T Y E Q F X F N J I K D I W
X P T Z A O U E S E P J G S T T P M
Y R O Y B Y C O P Y H Z I O D W B
R G J Q S X U K C A V A L I E R A A
E T F V T U K W I B G I T D Y Y T B
T W X S R N H M R N H O A O Q P E H
S O P P A I A S K V G U C U O P R C
Y R C N C T Q X B K G G R D T V D Z
I K I L T Y C R K V R E Y G S H O P
G I C P K C Y P M H E B L C Z A G K
E N Z N P U W S T C E U I K X Y C J
N G H U N P C D T Q C G C E V Z R K
```

Word List

ABSTRACT
ACRYLIC
CAVALIER
DOBERMAN

ORNAMENTS
SPITZ
SPORTING
STOCKING

UNITY CUP
UTILITY
WATERDOG
WORKING

Word Search 73

```
E J I H C W U J P E D P G S U Q Y I
R J C B H P U N P X N P L J F G F E
L D L G L G R O V U G G P X X I M A
W O K C J U Q I B Q S K R E H W U L
Z L B Y Q C H T N D D I K A J H R H
Z F H H T K F A E T M N Y I V C A V
Z O Z M Y I Z M O E P B J O N I L R
N U V U Y F T I N M Y O K D V K N I
T W J S T Q E N E S I A R T R L J G
D I X J H O I A Y R H N T T Q F B R
Z V T G K F T V C F O A I X R U L Z
G O X I F G I I K O N H G A I A K V
Z G C A R C F I D R G D Y V T Q I S
Q W S N I W F B K L O M Y P X U U T
I F O T S I A E H T H I O E Y U R S
U L T S E S R K T T S Q L D W Y J E
T F E P A U G V V L E T S A P D I U
Q D V I Z Z W V Y M T K L K R I H U
```

Word List

ANIMATION
ENGRAVING
FRISE
GIANT

GRAFFITI
INK
MINIATURE
MURAL

OIL
PASTEL
PORTRAIT
PRINT

Word Search 74

```
O W E Y A G W J S F B U C T B K K S
Q M H A M Z B S K K S O Y K D R L G
L V E Z F G X U X J E U O I K M D N
C R O C H E T B M M F T Y T B J C Z
V X O D E L G F L Y L H C X I Q U Q
K G Y N B V R H R A K E E H T E U B
D K Z K R D I D P Q Z R R N P D S J
X H K G O F J C Z I O E J L N Y E H
A L P N O L X C O O U H R M R Y P M
R I U R C J V Z A W A D I A U N N T
D T O C H C L G P D L U H V P H S V
W H B A O A T V T Z X N Y C A P T H
B L G S P P C I E Z N Z E R Z Y A A
C Y G H B L Y O R U D R O C B I N G
E F L M J E U F S Z Q C K B K F D E
P F T E E T J G H K F V S O W Y A P
Y W I R S K H A M U Z N T K J T R F
T D R E O K Y E K G X O A T C Z D V
```

Word List

BLAZER
BOOTIES
BROOCH
CAP

CAPLET
CASHMERE
CORDUROY
COWL NECK

CROCHET
SKETCH
STANDARD
ZAWADI

Word Search 75

```
C S W O V E R S I Z E D A T V P X U
Q J H T H T R D Z W N V K R U H A U
Z B I E C V H G D T G G M Z O K L F
V Q P F R I N G E I U Q U L Z W A V
Y N N K F P Z S A T C H E L L S Y Y
T P M A E E A V E D E U S C D S E L
Q U C W P A D L U G X V G R N R R H
Q X D P U Y A O P O M P O M Q E I Q
N D X W O Z E J R J D M W I O A N T
C E L O C W K T J A L E Z F M O G H
K H J E S B X V S I E Z H Y J R Y A
U X B I T G J I M S A B P S W G M H
C A X M G O F W M S T Q P N G Y Y C
C O K R U W T B H D H U E O Z H F N
D W N R E K O H C F E C P O D B H Z
F Y W Z R H I Z F S R Q L D D X C R
J Q A V X Z L N X H Y E U R B Z P X
R B D P V C D W U G I J M M Q P H P
```

Word List

CHOKER   LEATHER   SATCHEL
FEDORA   OVERSIZED   SHERPA
FRINGE   PEPLUM   SNOOD
LAYERING   POMPOM   SUEDE

Word Search 76

```
B Y X L D U W E V R L N X Z H D X I
A N I M H S A P W G R F D O S A D Q
T E T V U H E D O L E D W W A G Y L
H A U S E I M M V G P N G F K C H C
D K L C U A Q R L Y M I O N X I P G
R O L F L Q R G A A A U L D G E Q G T
Z J E H J H I M X L J M R O Q T J U
I X C E L O O A U Y Q S U Q V A L X
W X P R V F K B W F O W F T U N I C
M F E L T E W N F Y F T G W N T Z R
G X R W Y U N M I W F S W C I A H K
S H E A R L I N G T A Y O Z F I P J
U X J T L L W W N Q W P I A N L B S
O N L K K C E M D K V E U U P O U A
H L H V Y Z L F K T H C A B X R F X
J W L G D A V R H N V H R I E O M
R Y T W E E D K H H L J D N Z D Z O
T R Z W C R U F X U A F Z S L D G X
```

Word List

EARMUFFS
FAUX FUR
FELT
FUR

JUMPER
KNITWEAR
PASHMINA
SHEARLING

TAILORED
TULLE
TUNIC
TWEED

Word Search 77

```
W J X N U W F T K S H B C S A Y J Q
O B S R E P P I L S E S S A T O G
R I V F Y Q V R V J S V C W Q V H F
T L M E D O R J O Y A L I O O Q L W
N O S U V R A D N N T T L X J R W Q
A C P H J V D E E H S H R D X F B G
L C T T R V I X A Y X M A P Z G Z S
I O P V N O S I S W J I G N W T Z C
C R I O B J H B D Z V I K T M U V G
E B J C H E R V I L Q N O S W F Y K
D R A T S U M G O I U B M M H X G B
Z N C L O N I O N P H A L J X A J A
N A A C D K H S M N A V P N A U W G
R W N R D Y R H L K Z N U T A U O L
T S L L I D P S L O D C M E E Z A L
L W B T L R S I E G A B B A C R A K
X B X K P P S E Z O Z A E A W K D L
K E X T A A H S I Z K E T P T U V V
```

Word List

BROCCOLI DILL RADISH
CABBAGE GARLIC SHAWL
CHERVIL MUSTARD SLIPPERS
CILANTRO ONION TASSEL

Word Search 78

```
W G Q Z D O O W G O D A L P I N E K
T E I K B A J V O W C R O C U S C P
I T J I X N K G A T I I A C O F G Y
S W M J W A I C C U B J E V G I P Q
S J Z Z I D T N T A U B O X W O O D
I M F S N E K H H M M O J L J V Y R
J L V U O R Y E Y J L E H S J L R H
K Q G A N L K I N M Z Z L L X V U
C O Z I E I U V T S E P N L M J S B
E A N E M R Q K Y P Z A X D I V X A
D R P P A P H N E K Z A I M A A H R
A S C L L R W F P L M N T X H M H B
R C H S C B V T M U U S H A L L O T
N B A Y Y B E R R I E S R U I D F O
Q S R S C L Y A M S H A Y P Z O W Z
U S D Y L Z D M X I P E U M L E T S
G W T K O H O M P S A F C V F C A W
B K G I R Q E R R Q V X J E Q X Q B
```

Word List

ALPINE
BERRIES
BOXWOOD
CAMELLIA

CEDAR
CHARD
CROCUS
CYCLAMEN

DOGWOOD
RHUBARB
SHALLOT
THYME

Word Search 79

```
M L H P B E L H Z B I Y V E W Y F K
A N P O G R I T E T U Z L B Q E K R
H H R H E O E Q A D N D X H I H H X
O C I X H B G V F R X J U N I P E R
N W M D Q E M N I O R D E G G D K E
I J R R K L Z U P B R A B N F B H K
A C O A I L Y K X Z U S G N X C F B
S E S L B E I T T J U R Y O S W R J
W Q E L T H Q Z T C O B N T N B T L
E F A O P U V D W X P L Y U H B H C
E T E C L K G V H B N G V R M I V E
T D Q N N Z S I F A H L Q W R H A Y
B Q Q G N R O H W P I W E Z Q B L P
O S X W A E P C U E J F V E B H X S
X M B B T Q L F G T H J M V K L D T
B A Y F H K K G D J P R X F K U X P
F B X E I U K C A F W V U T L P U B
A I W Z W X P G G F M D W V M B G J
```

Word List

COLLARD
FENNEL
FORSYTHIA
HELLEBORE

JUNIPER
LEEK
MAHONIA
PRIMROSE

SWEET BOX
TARRAGON
VIBURNUM
YEW

Word Search 80

```
E M S E N Y N R Z Q F C G S T Q I Y
Y E Y T N E I C N A A I R P W K I N
P A C I U V M L G S O M A L R G M O
L X M O Q L N K C C N L S S A B C I
O T D B S Y O Q M V N W S E K A V T
G G X P P Y T C U G T A L G J D S A
X O H Y A S S Q K G G O A D E O X R
X V U I X R P T W L Q C N A G H P G
W F Q L A L S G E C F U D Y X W U I
E N Y Z I Q Y L S M R K O L A U F M
P T A A R E V C E B V B V I Z H F L
T X L J E Y D I U Y Z F R G C A E L
P O E E Q E R A P P F I T H O B R X
I K O S D R O S E M A R Y T L I Q Q
Q S N L F R R K D Y G X E L D T Y M
H U Y Z G H I K X Z V S E C D A C H
W M I B E R E T W K I C F B R T K P
U S U O D C O E G G I O T A V P H M
```

Word List

ANCIENT
BERET
COLD
DAYLIGHT

ECOSYSTEM
GRASSLAND
HABITAT
MIGRATION

MUSK OX
PARSLEY
PUFFER
ROSEMARY

Answers

Word Search 1

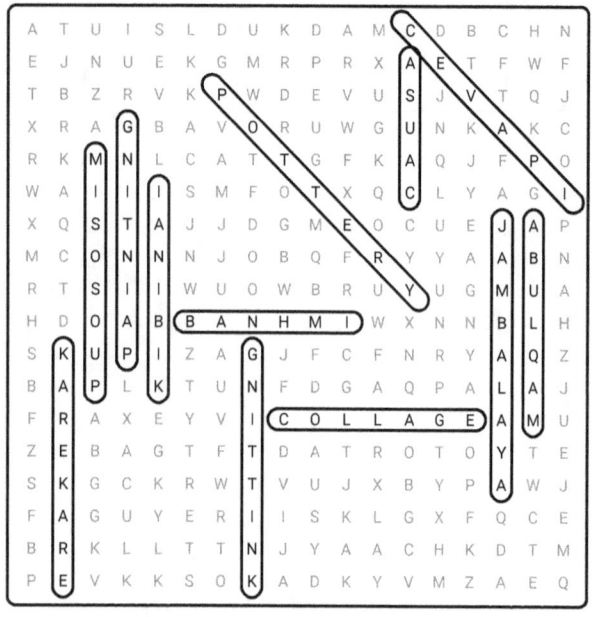

Word Search 2

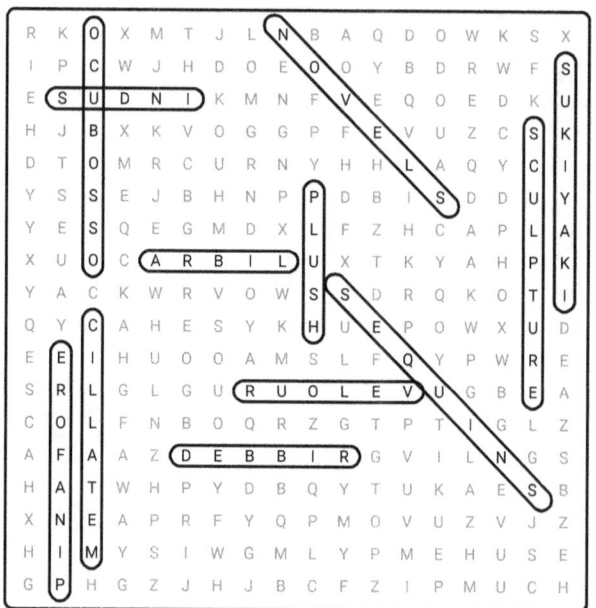

Word Search 3

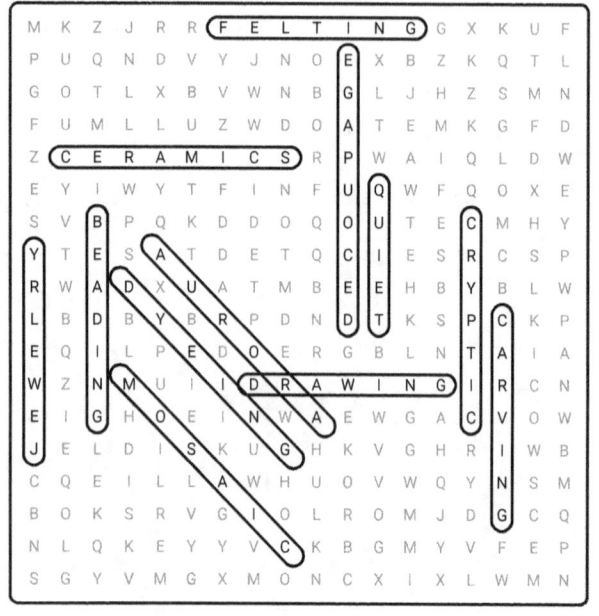

Word Search 4

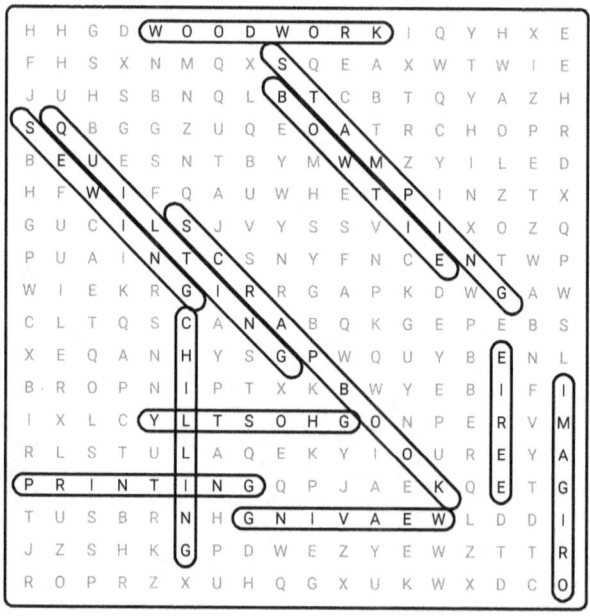

Word Search 5

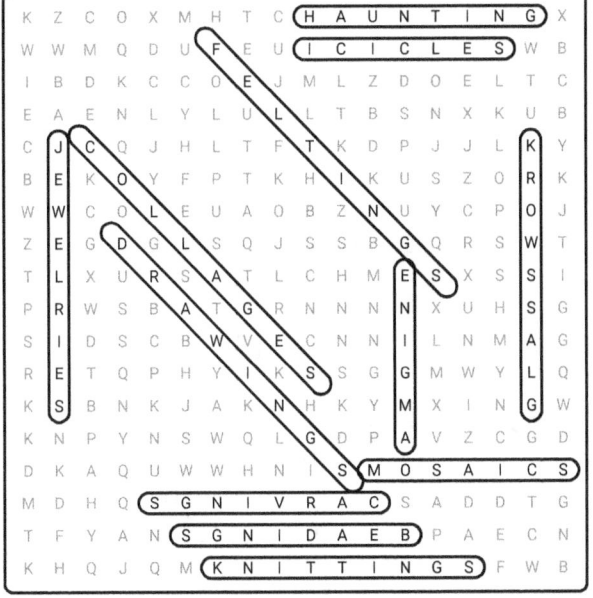

Word Search 6

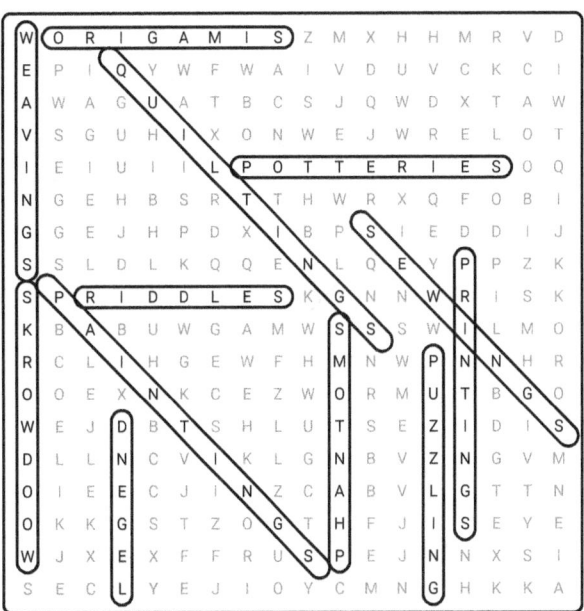

Word Search 7

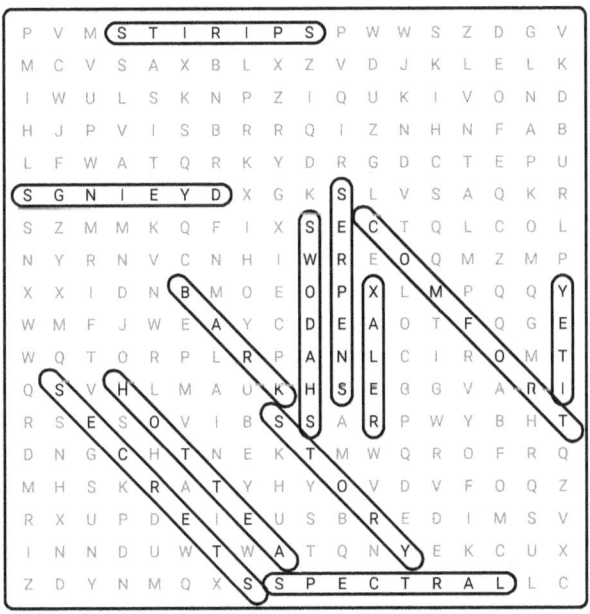

Word Search 8

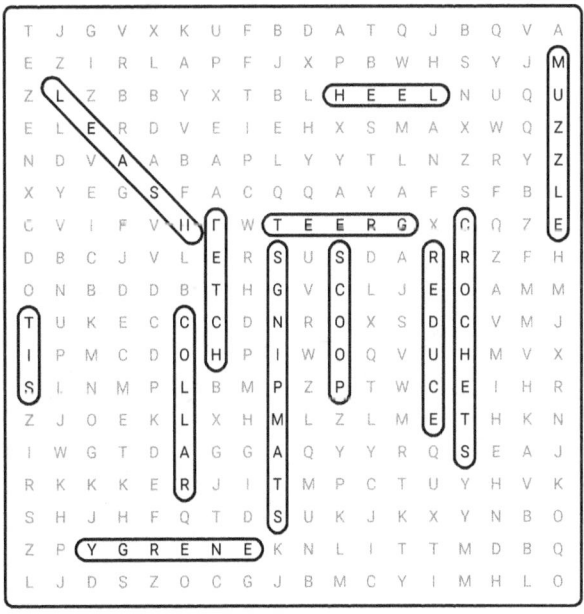

Word Search 9

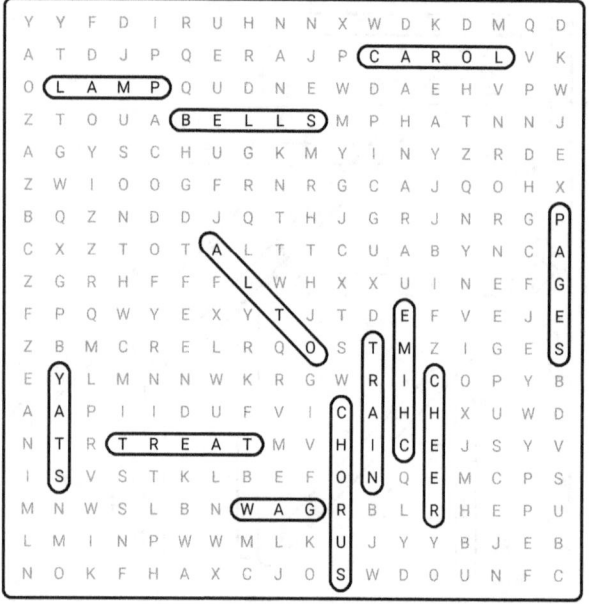

Word Search 10

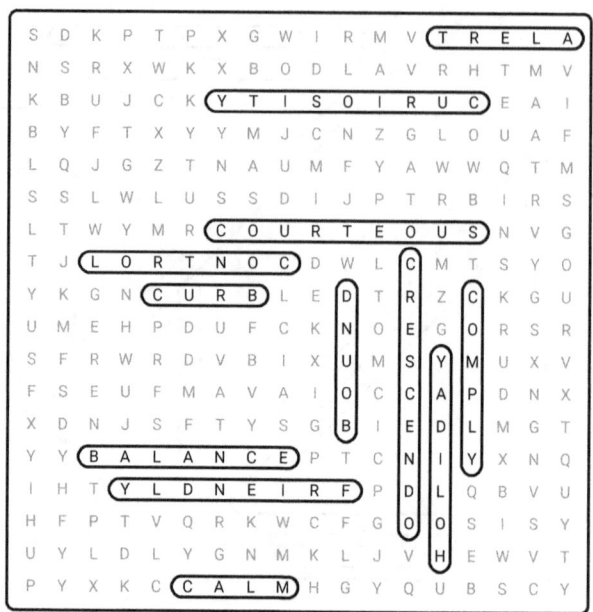

Word Search 11

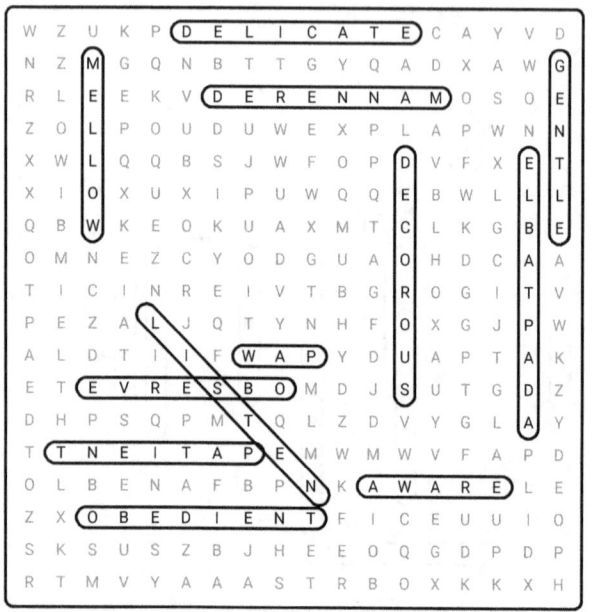

Word Search 12

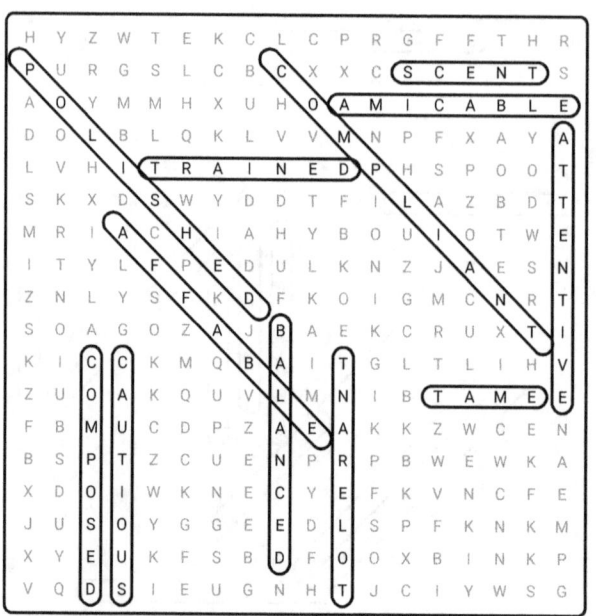

Word Search 13

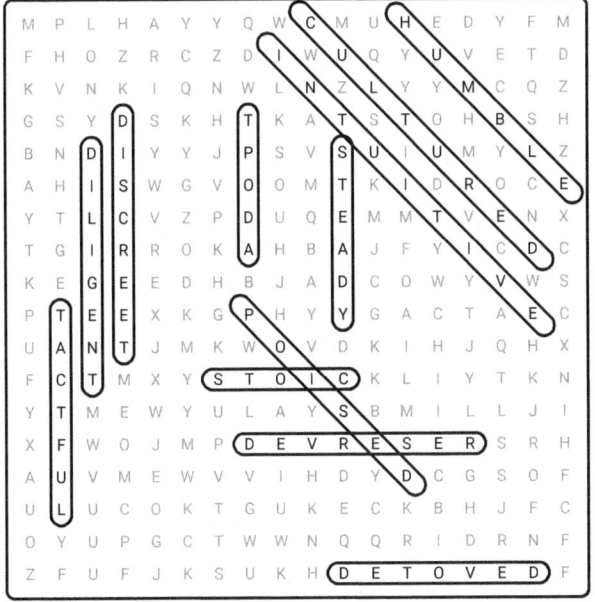

Word Search 14

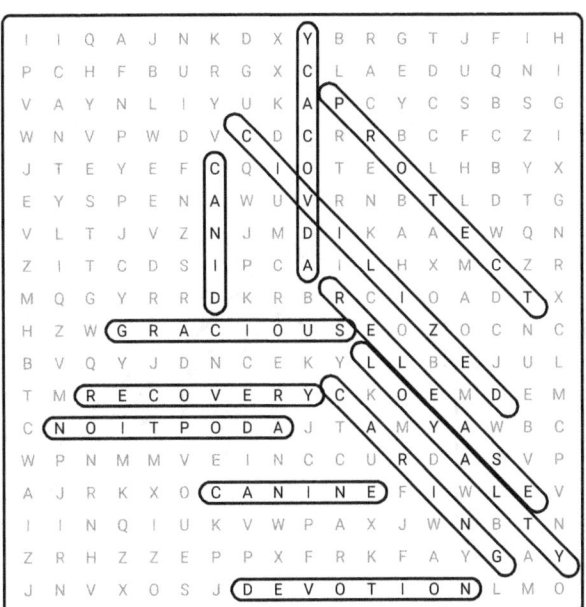

Word Search 15

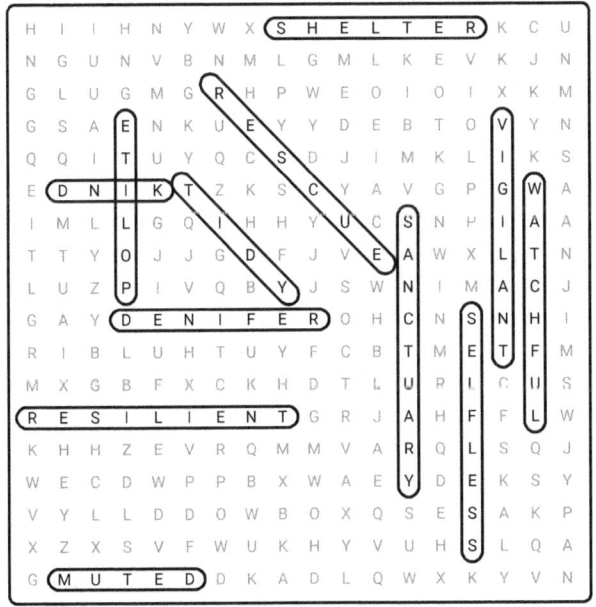

Word Search 16

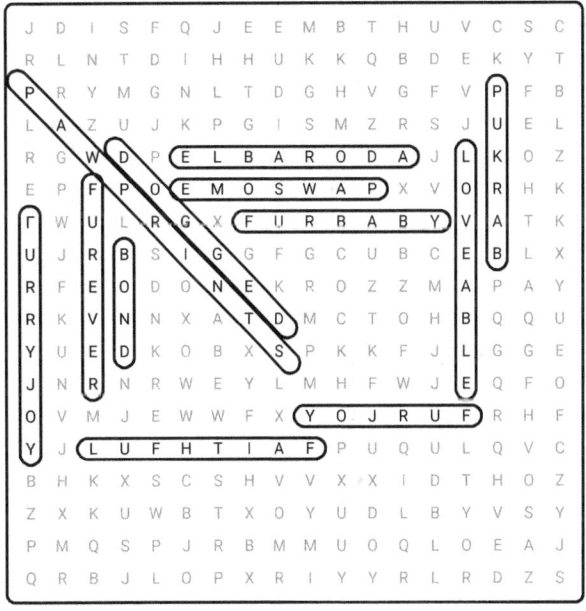

Word Search 17

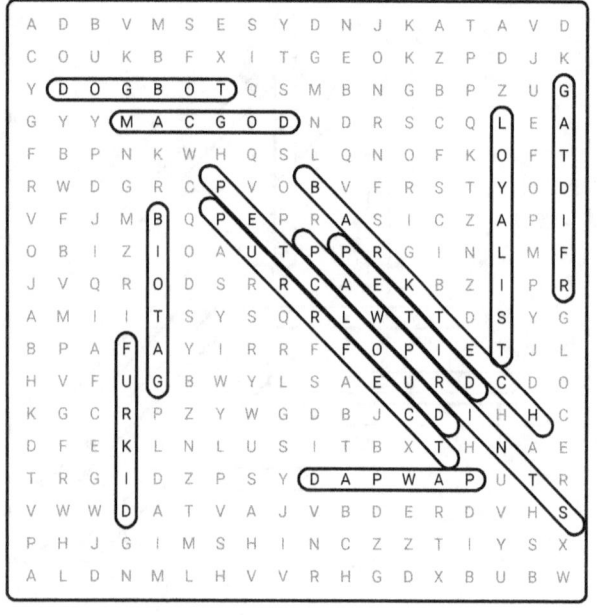

Word Search 18

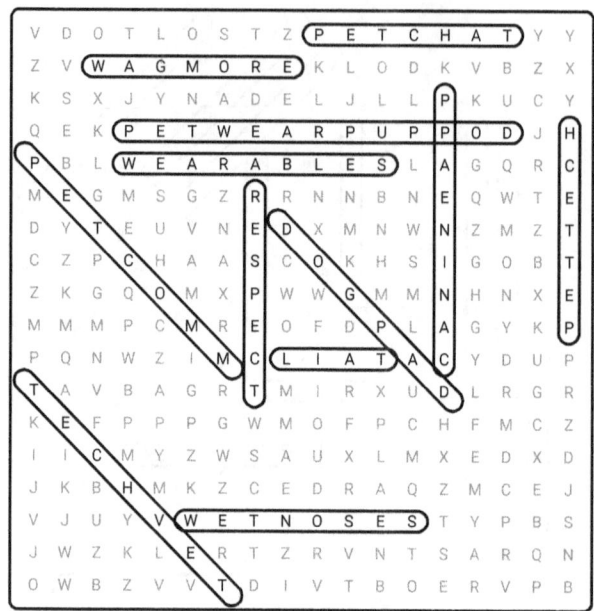

Word Search 19

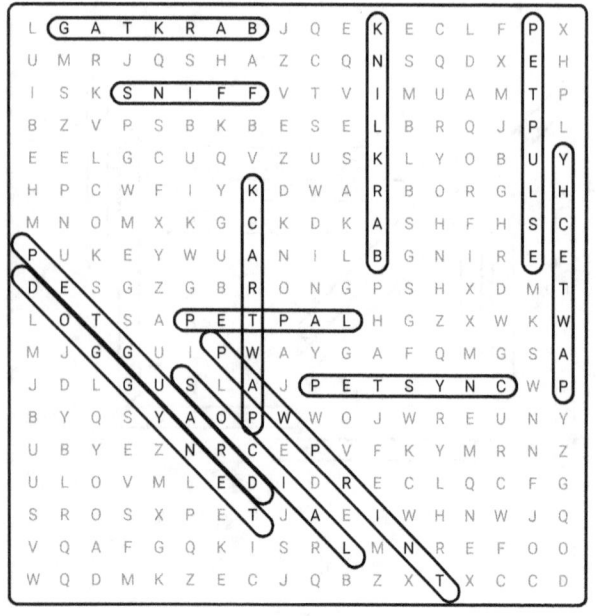

Word Search 20

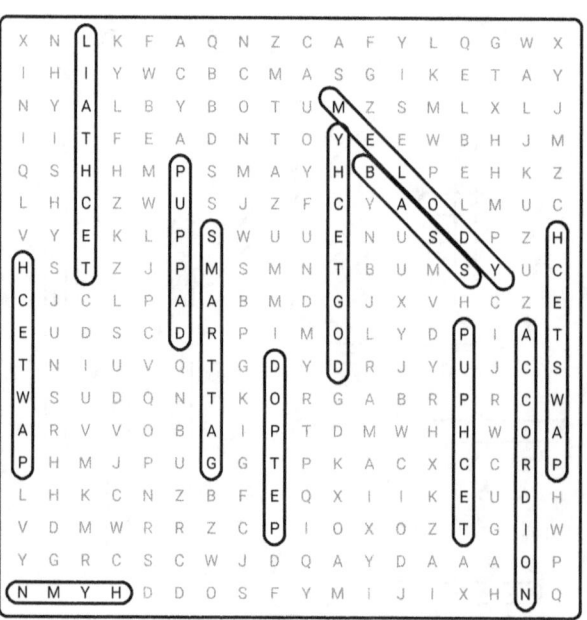

Word Search 21

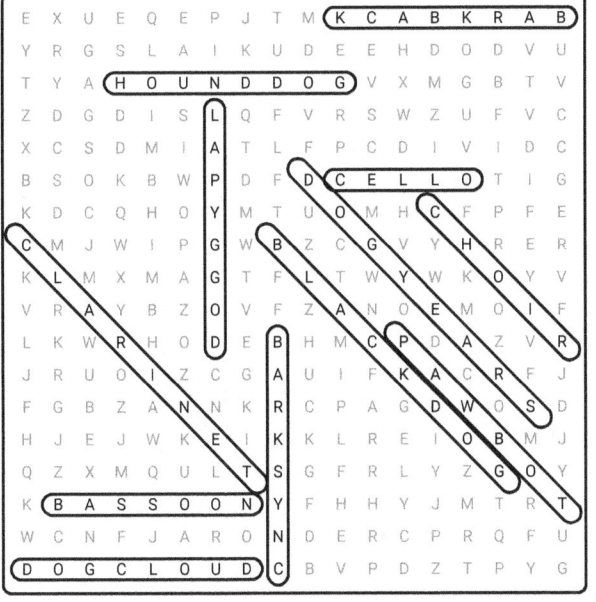

Word Search 22

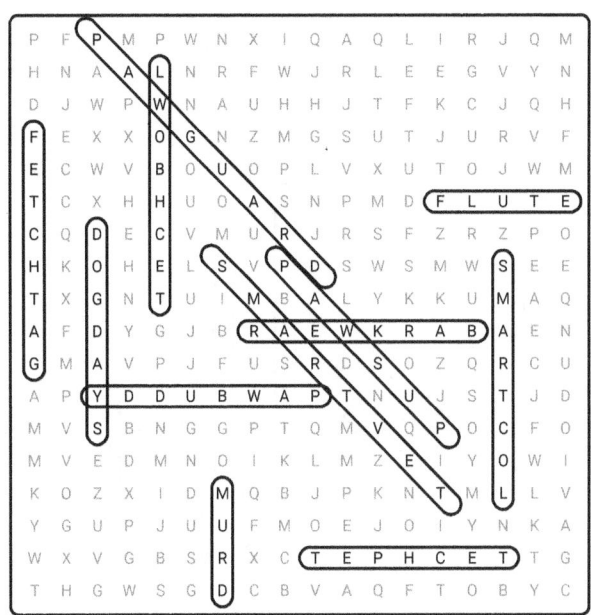

Word Search 23

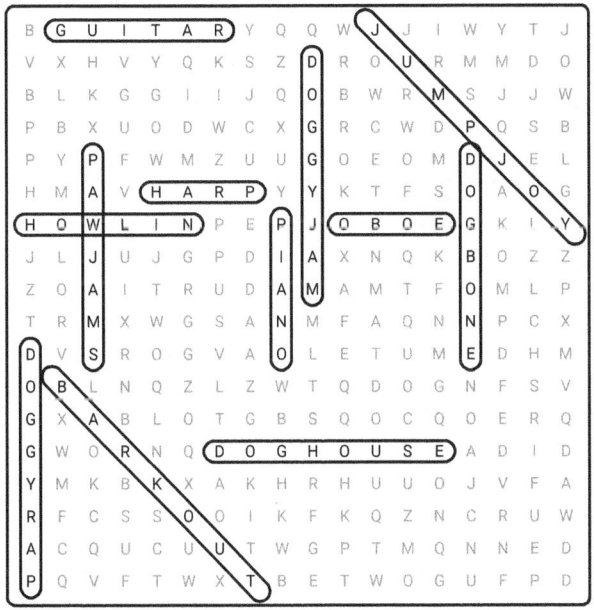

Word Search 24

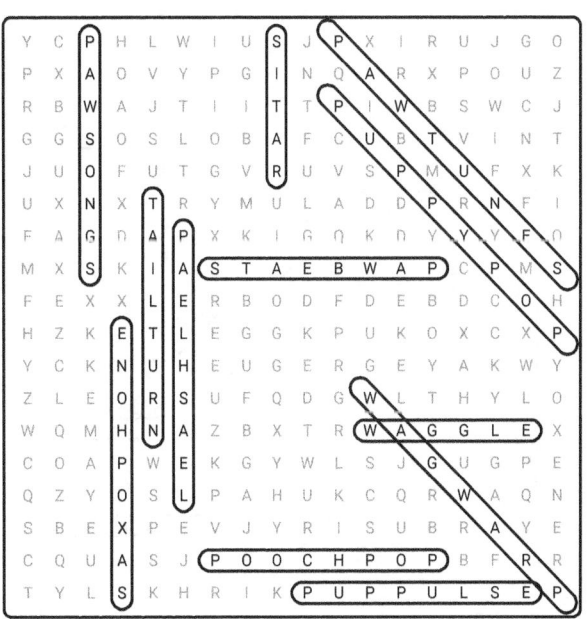

Word Search 25

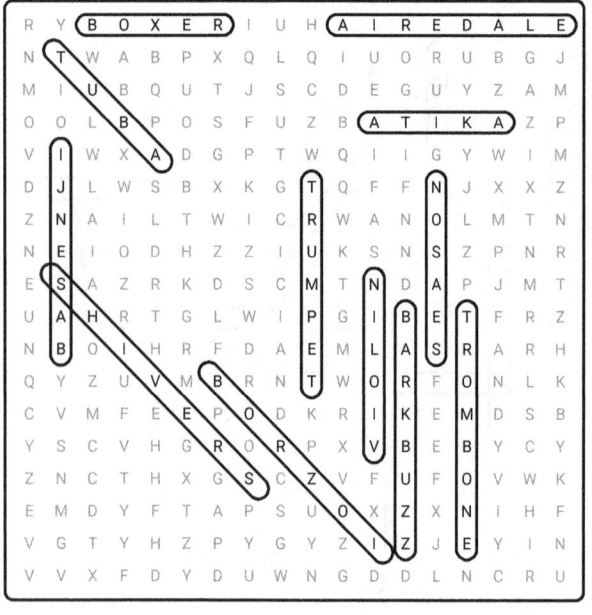

Word Search 26

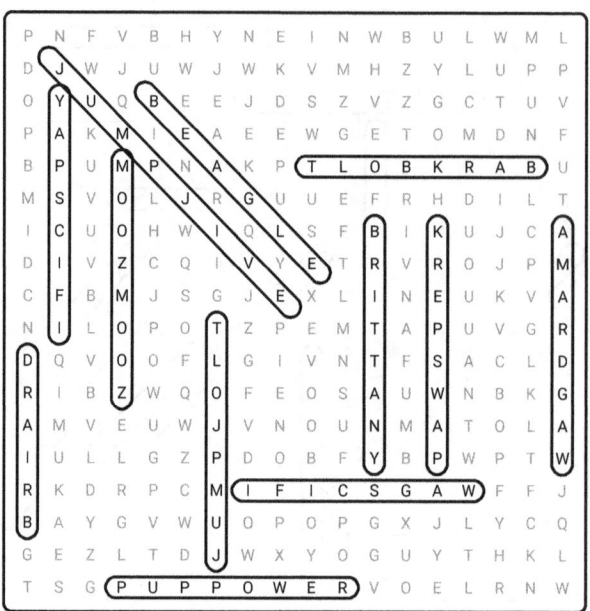

Word Search 27

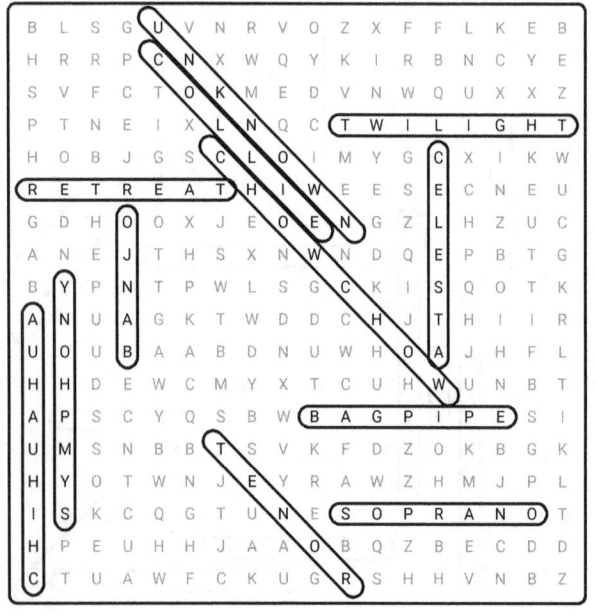

Word Search 28

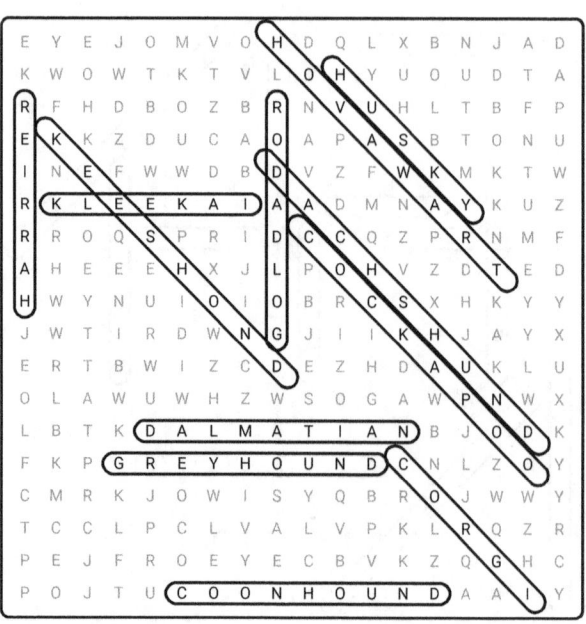

Word Search 29

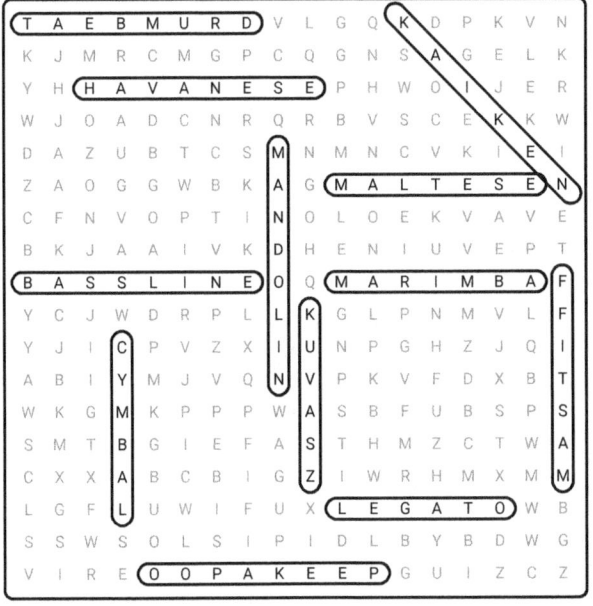

Word Search 30

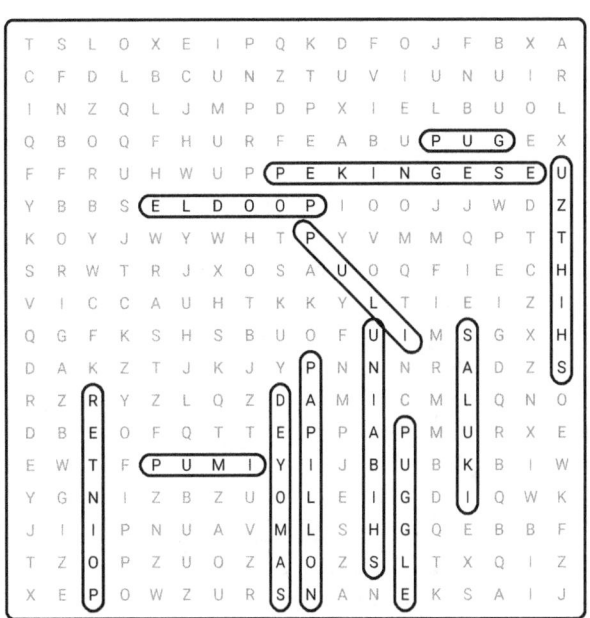

Word Search 31

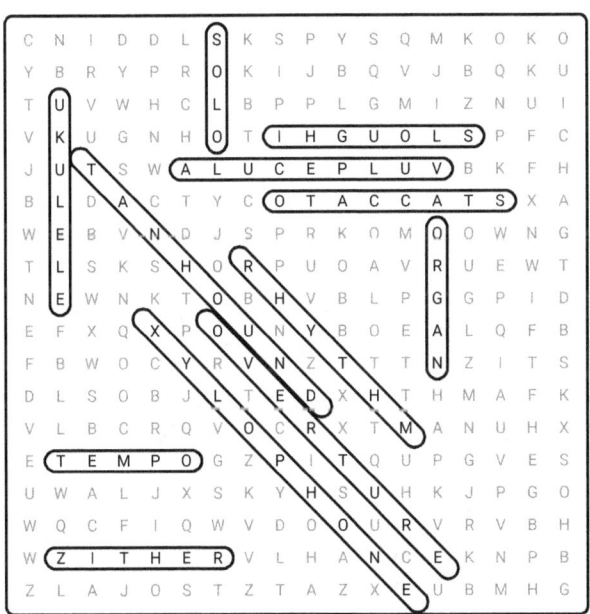

Word Search 32

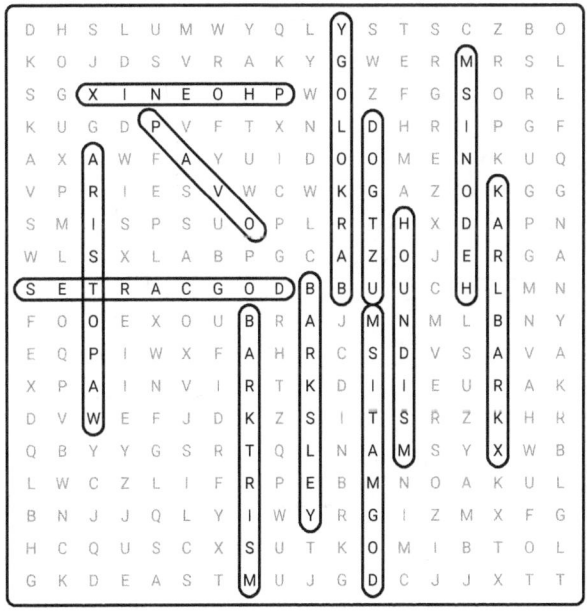

Word Search 33

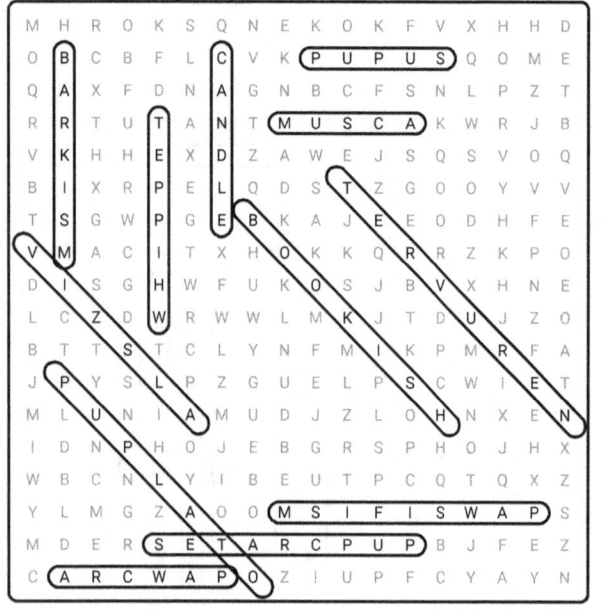

Word Search 34

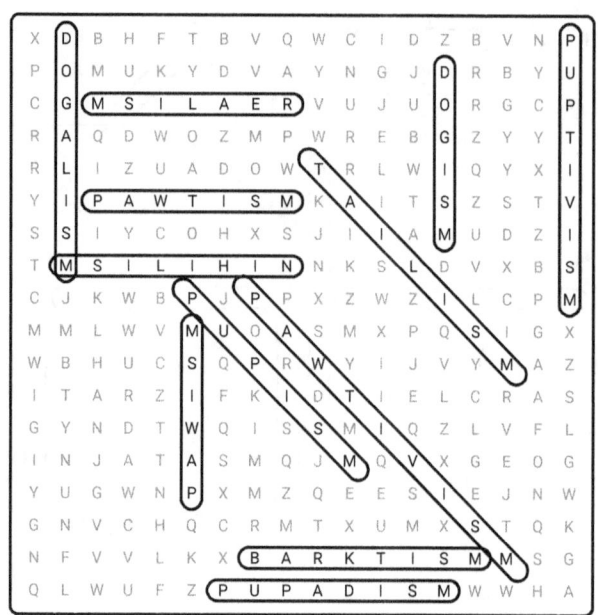

Word Search 35

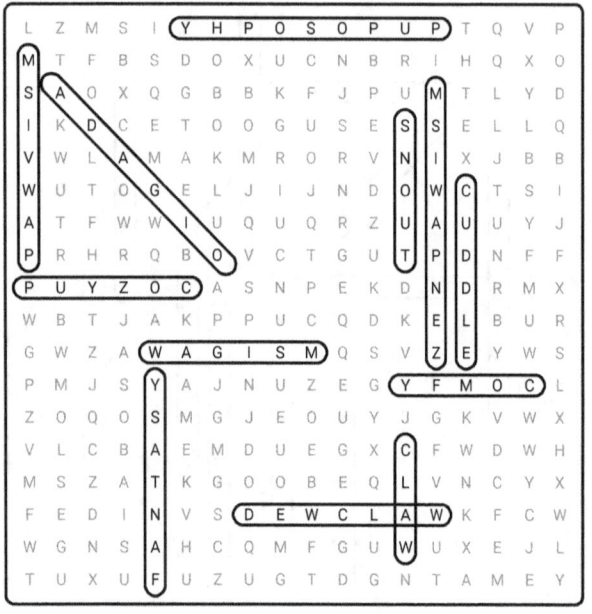

Word Search 36

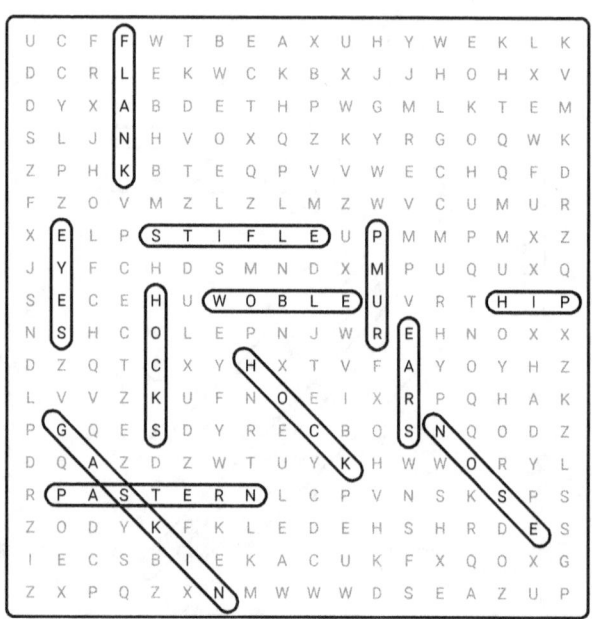

Word Search 37

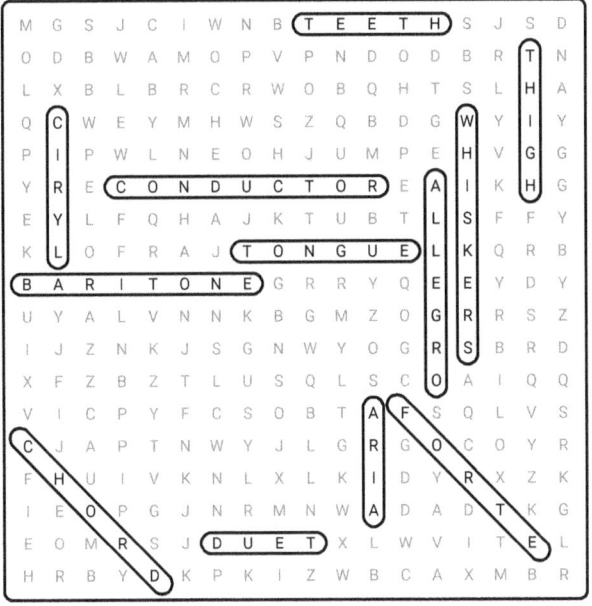

Word Search 38

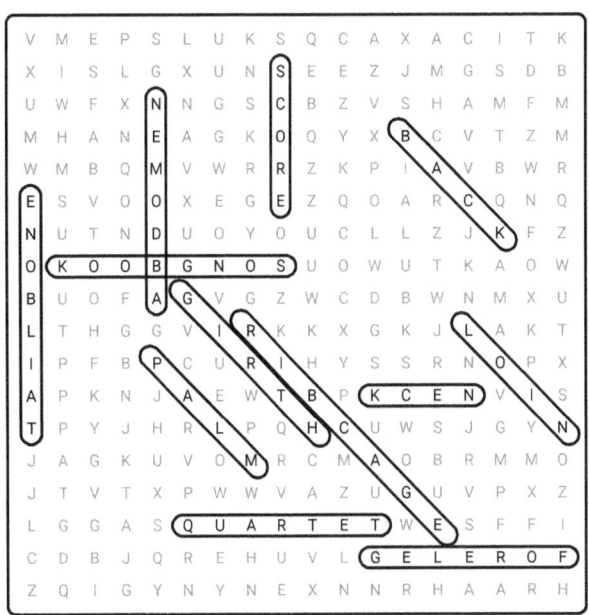

Word Search 39

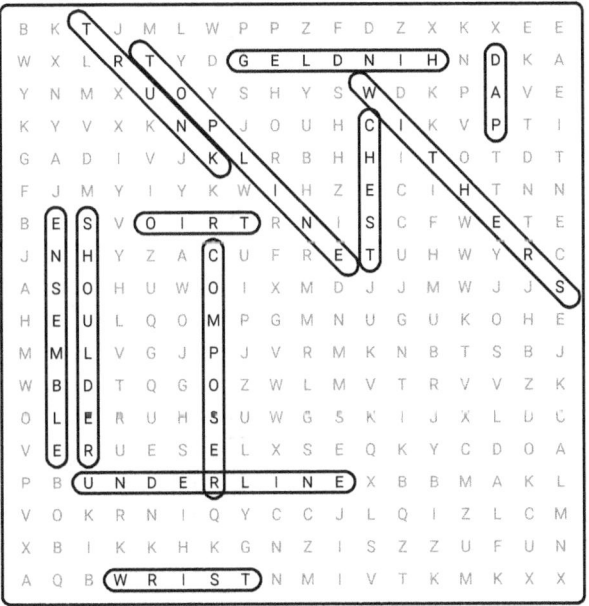

Word Search 40

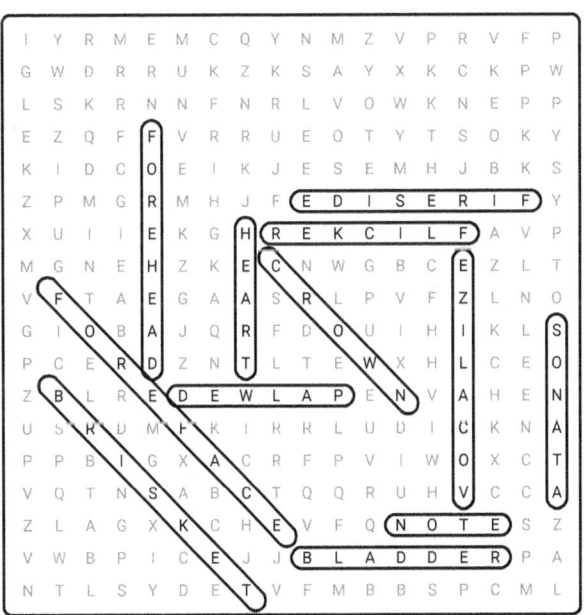

Word Search 41

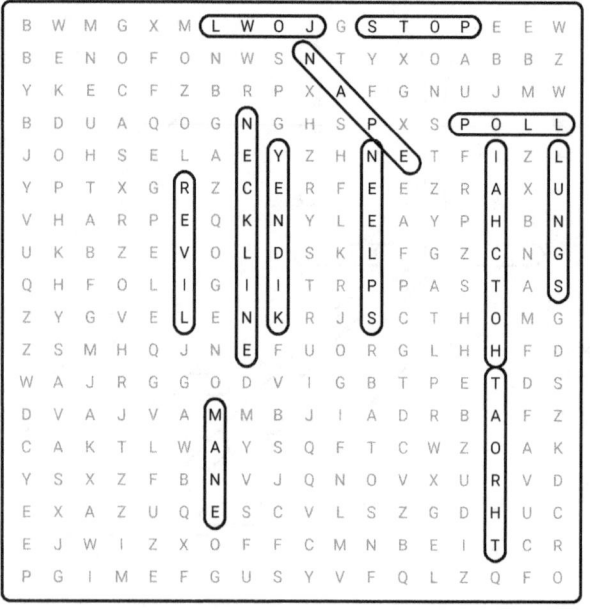

Word Search 42

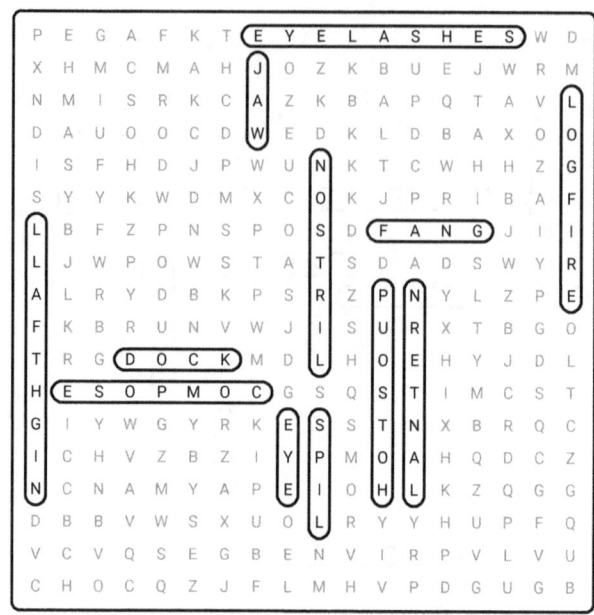

Word Search 43

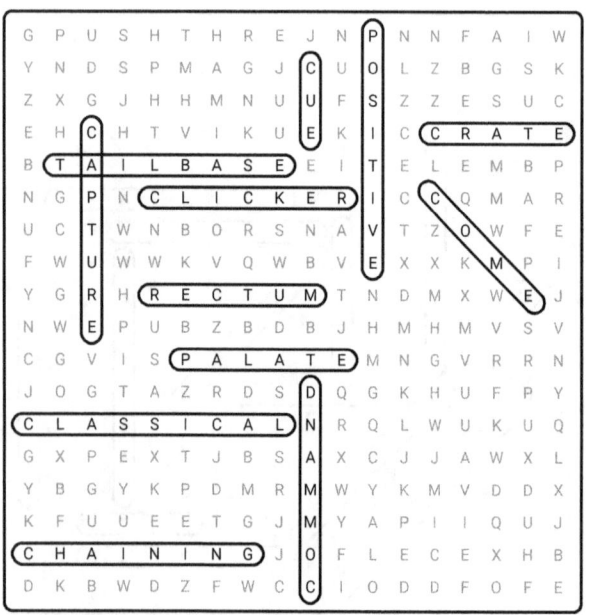

Word Search 44

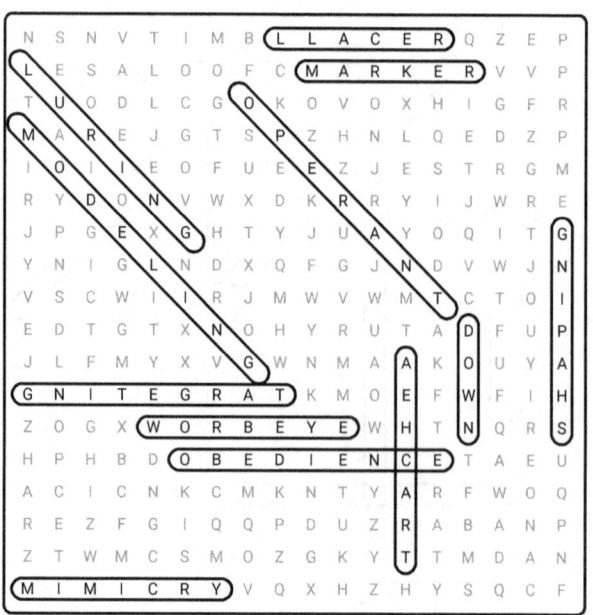

Word Search 45

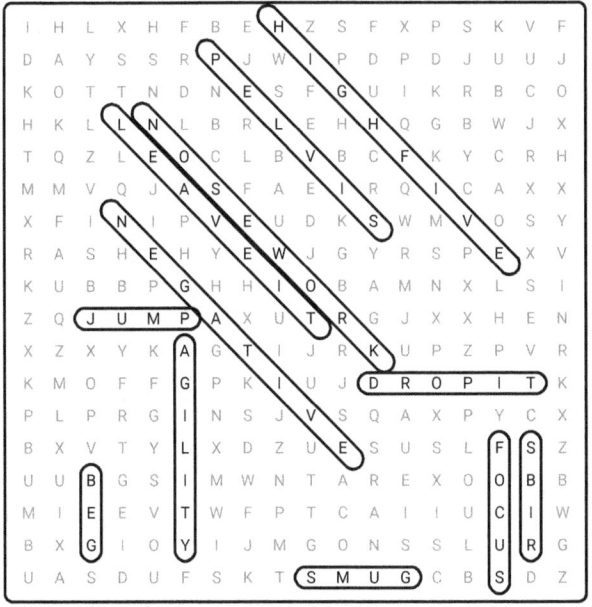

Word Search 46

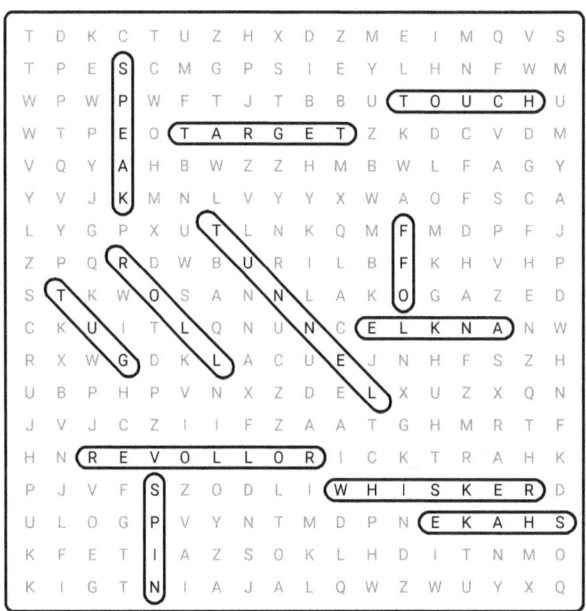

Word Search 47

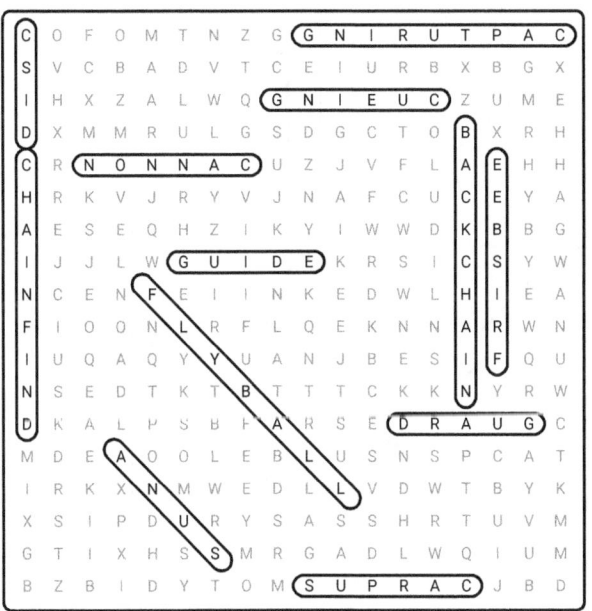

Word Search 48

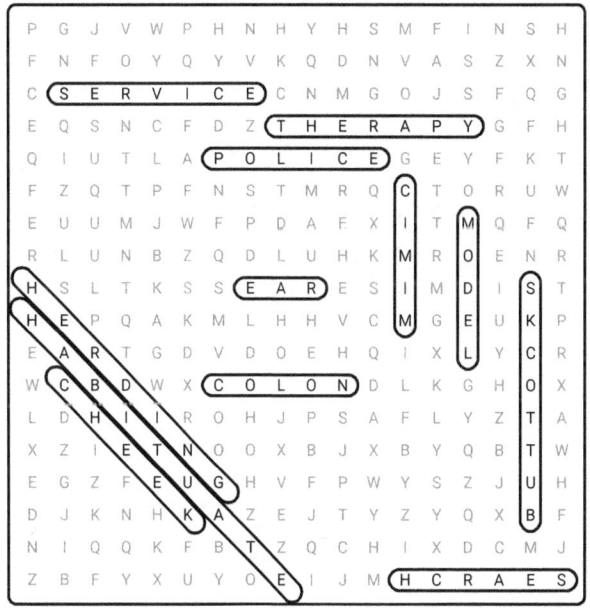

Word Search 49

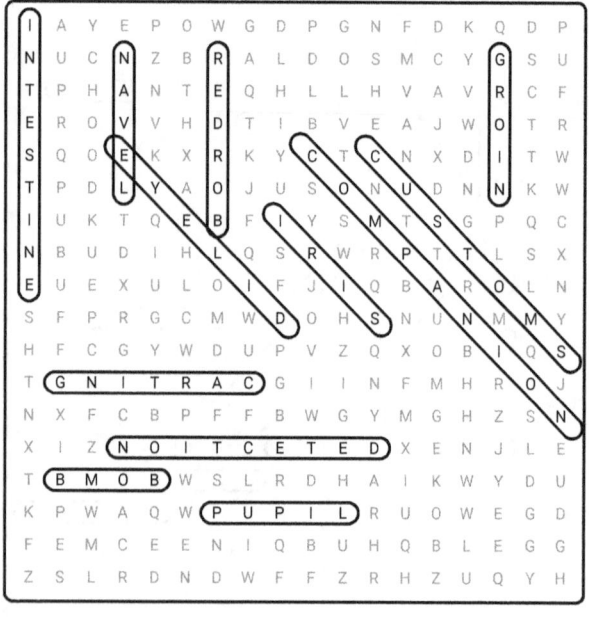

Word Search 50

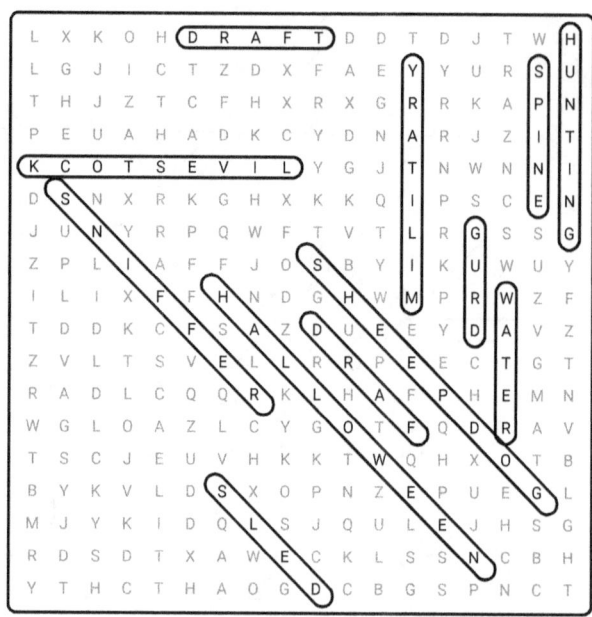

Word Search 51

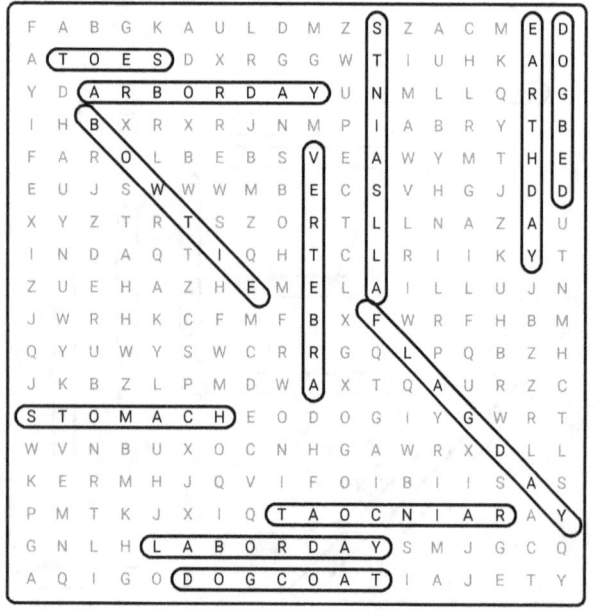

Word Search 52

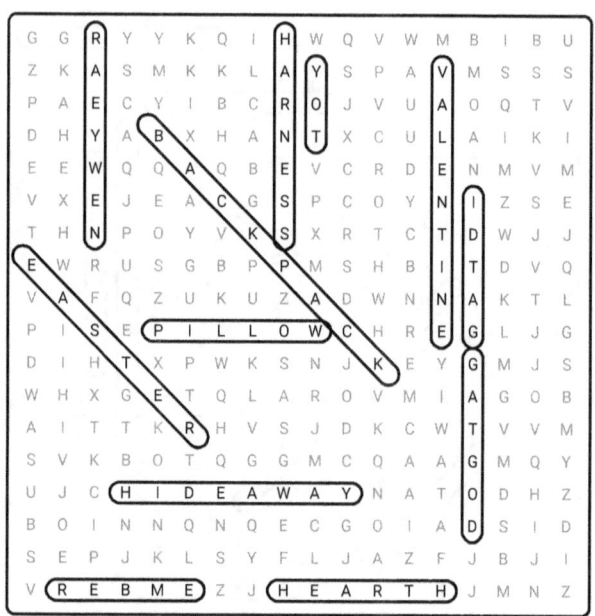

Word Search 53

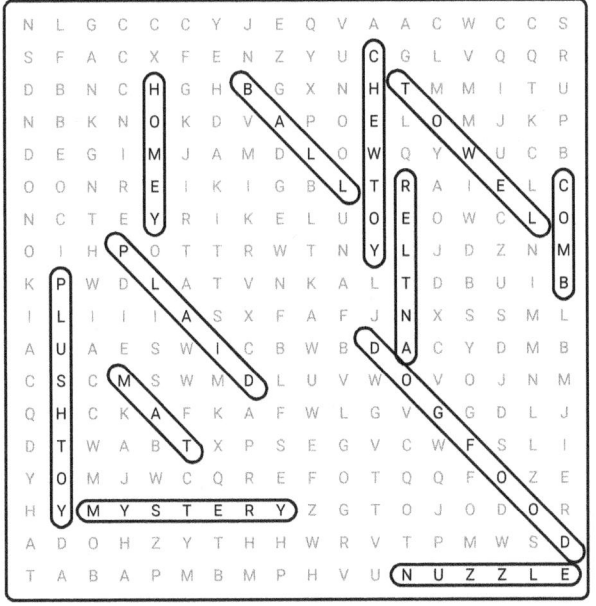

Word Search 54

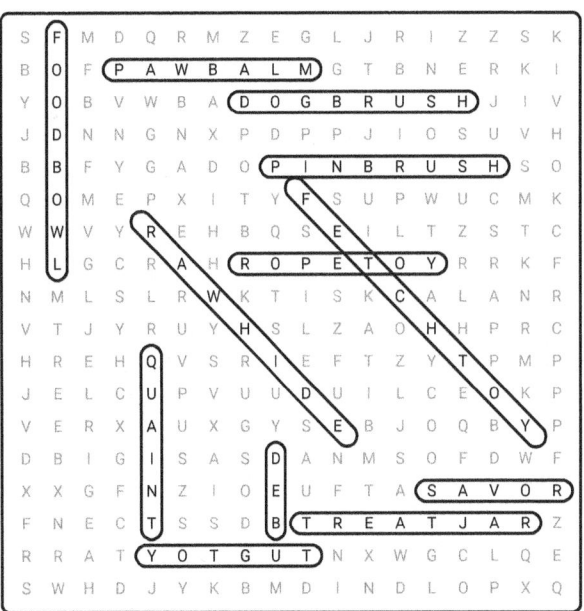

Word Search 55

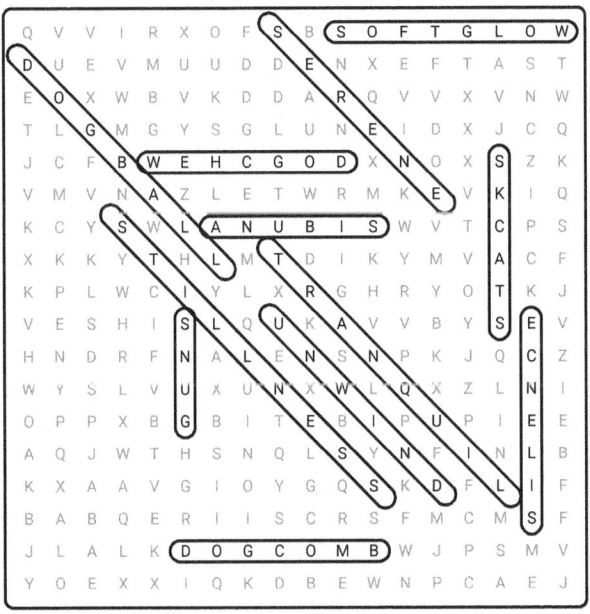

Word Search 56

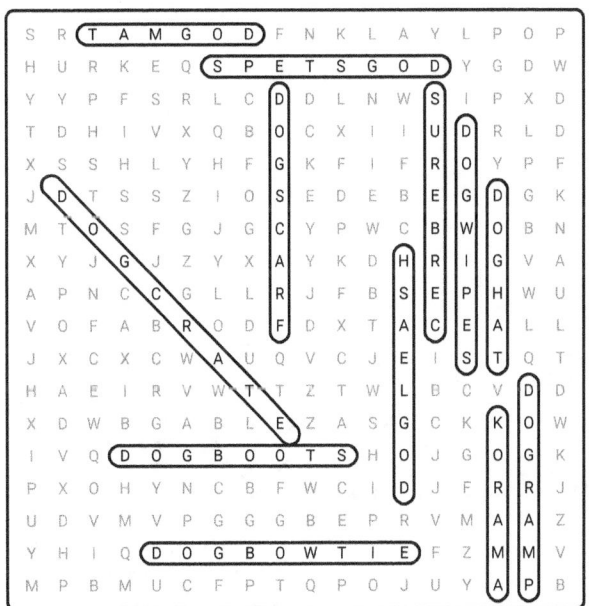

Word Search 57

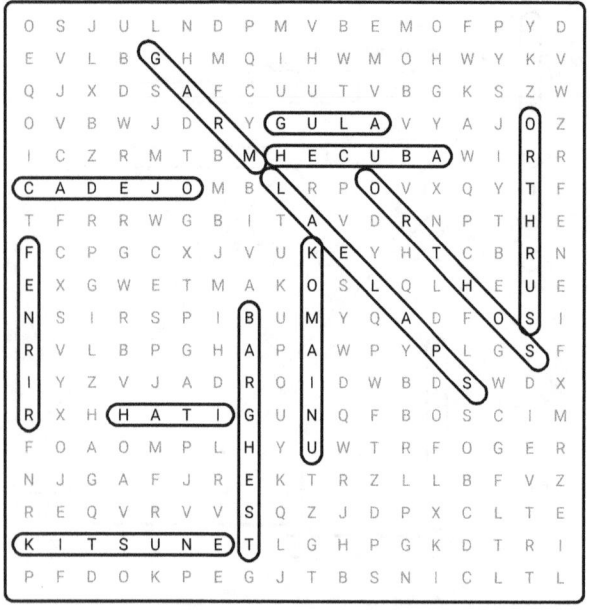

Word Search 58

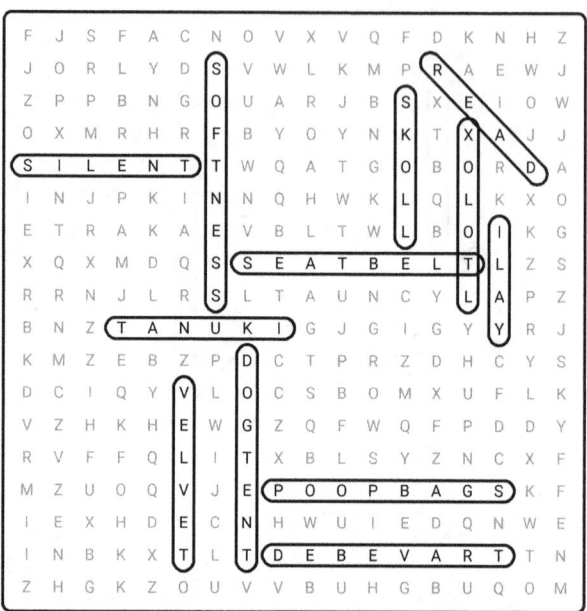

Word Search 59

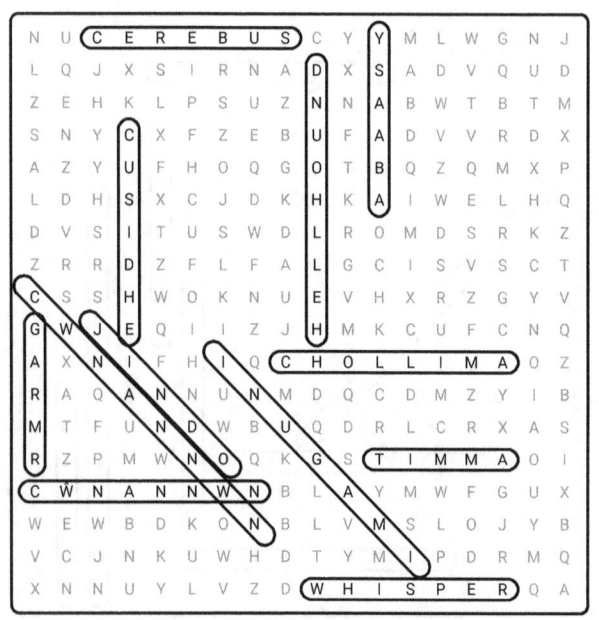

Word Search 60

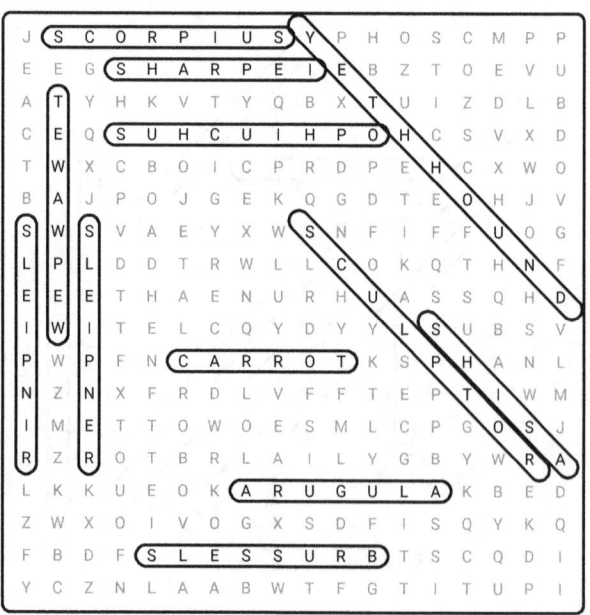

Word Search 61

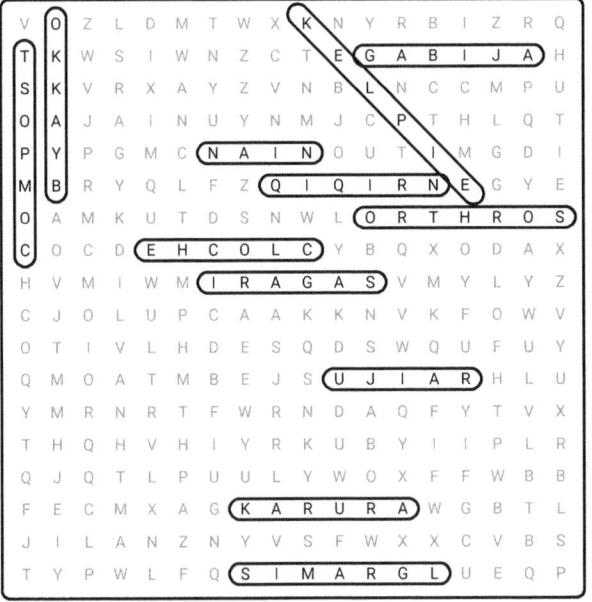

Word Search 62

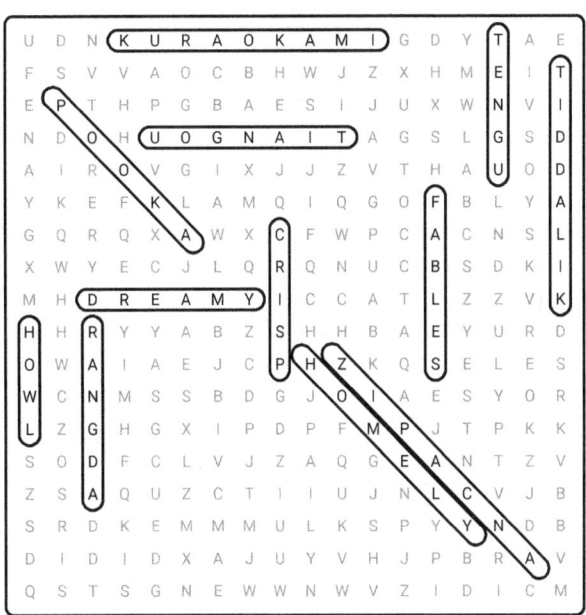

Word Search 63

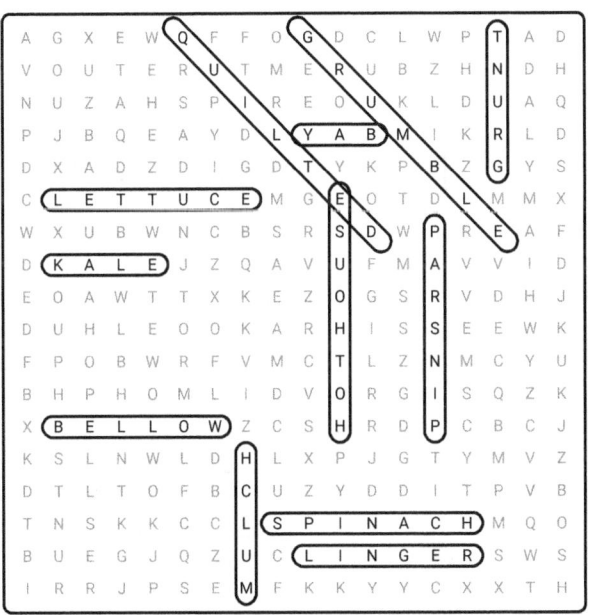

Word Search 64

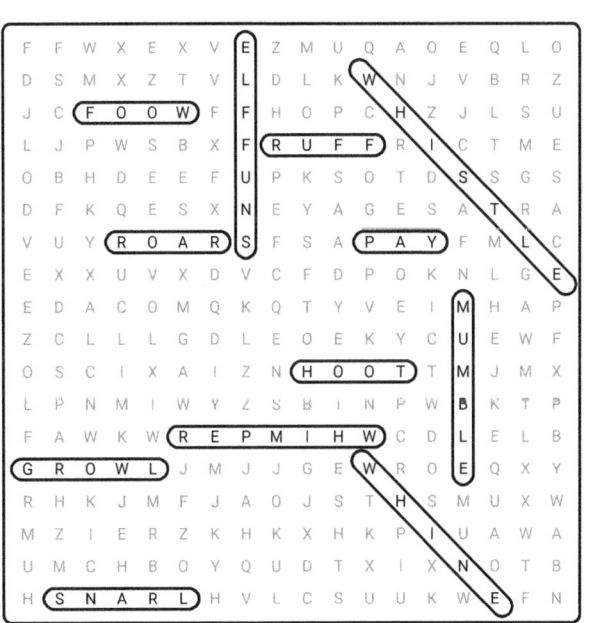

Word Search 65

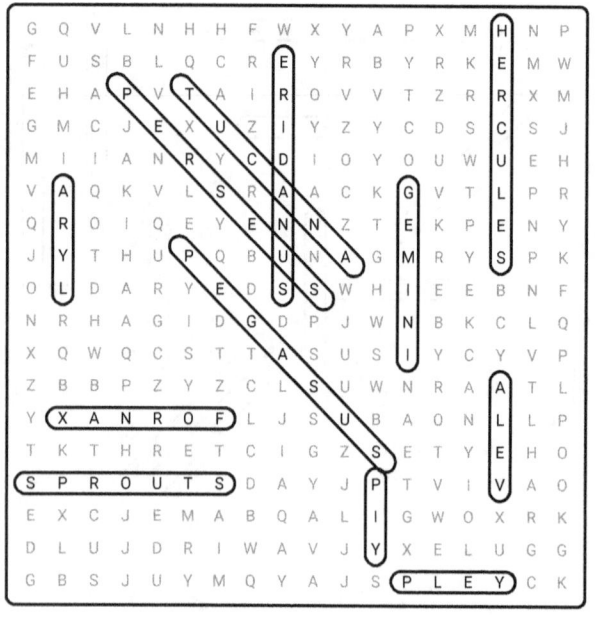

Word Search 66

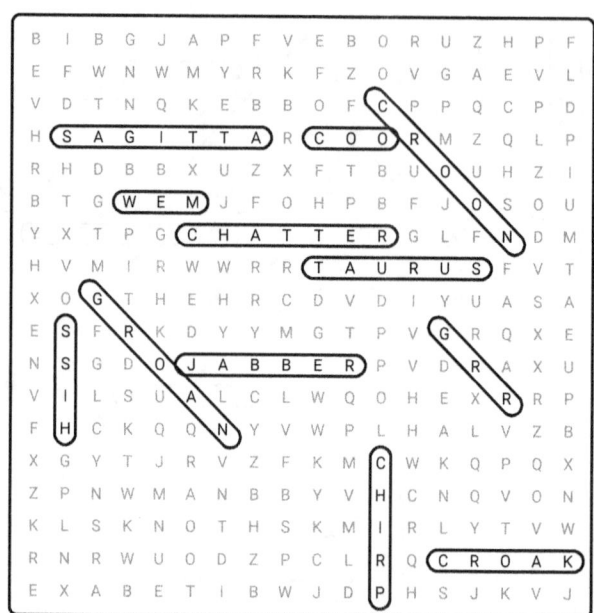

Word Search 67

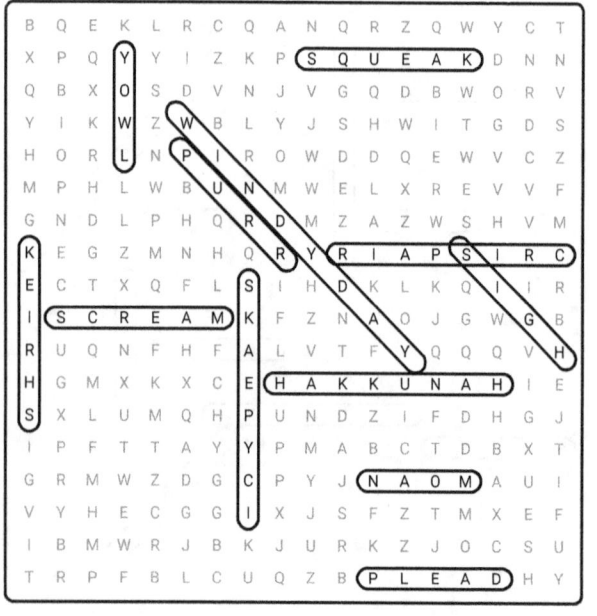

Word Search 68

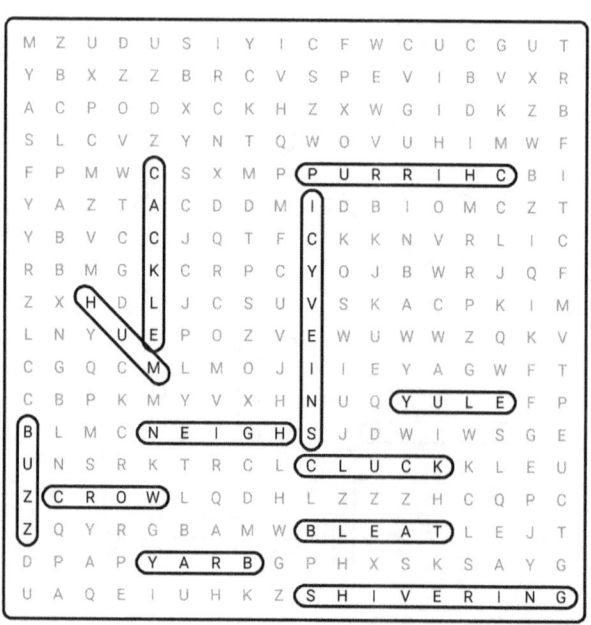

Word Search 69

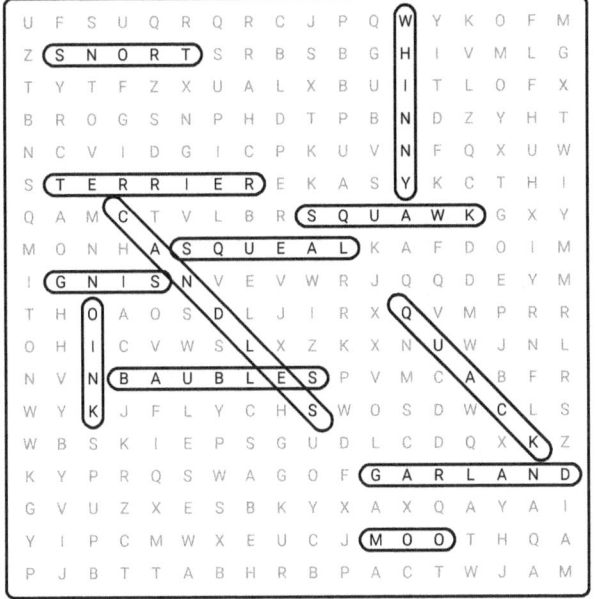

Word Search 70

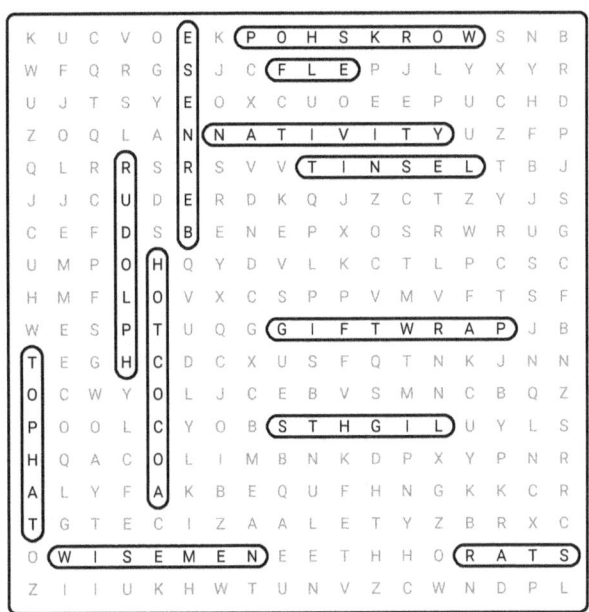

Word Search 71

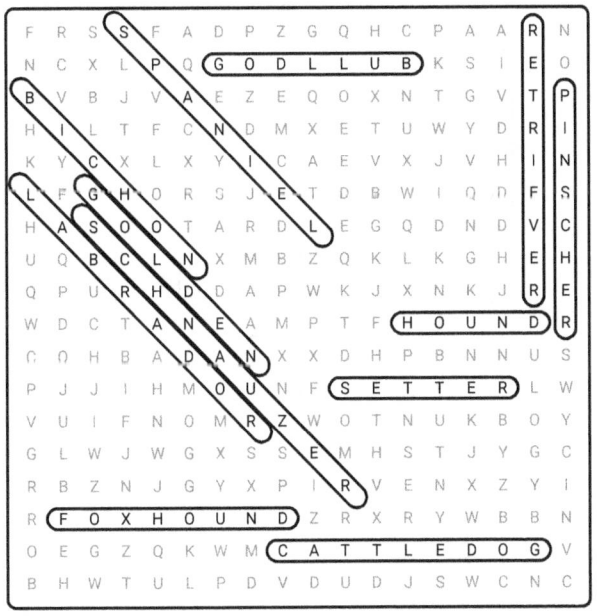

Word Search 72

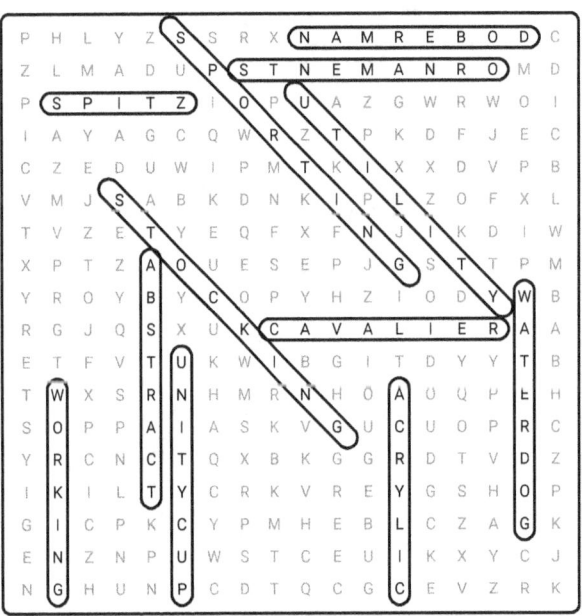

Word Search 73

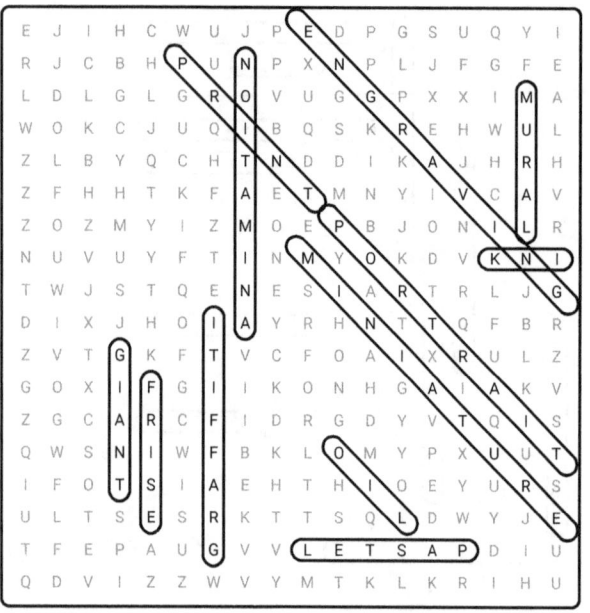

Word Search 74

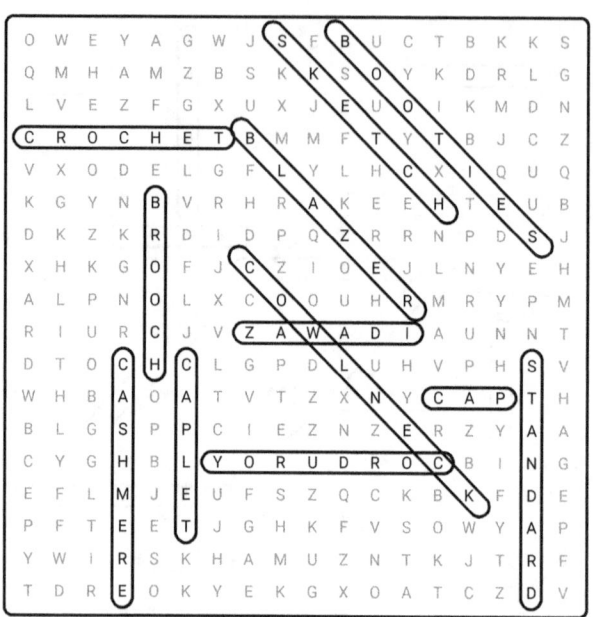

Word Search 75

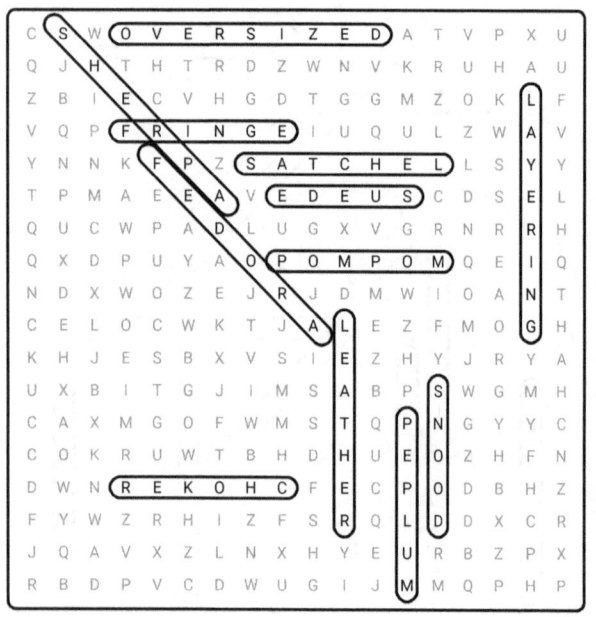

Word Search 76

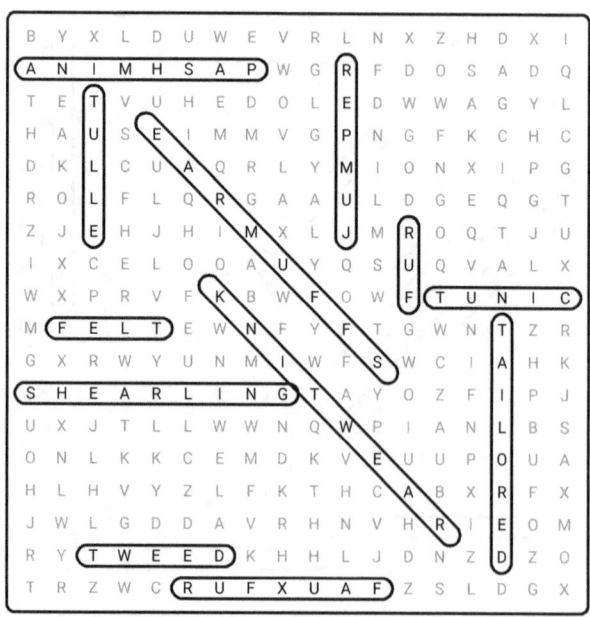

Word Search 77

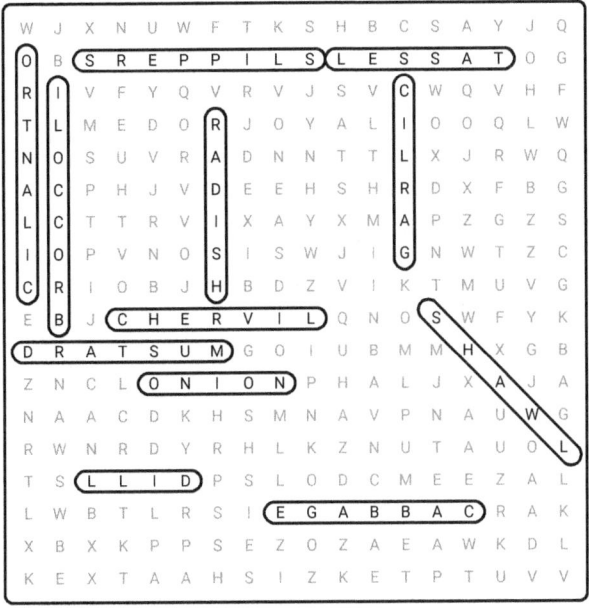

Word Search 78

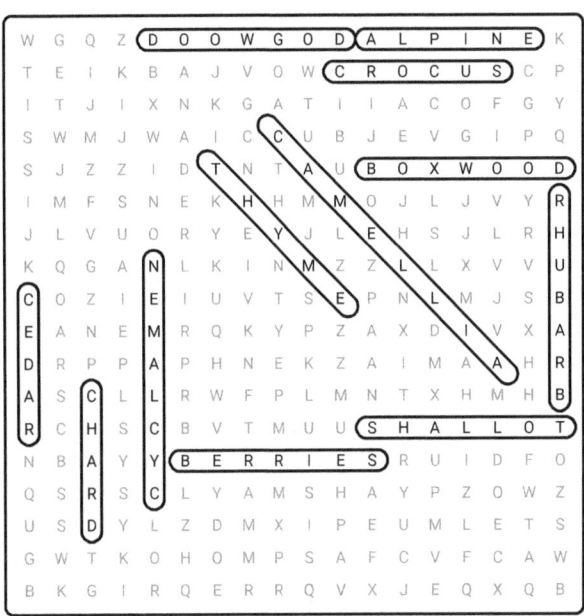

Word Search 79

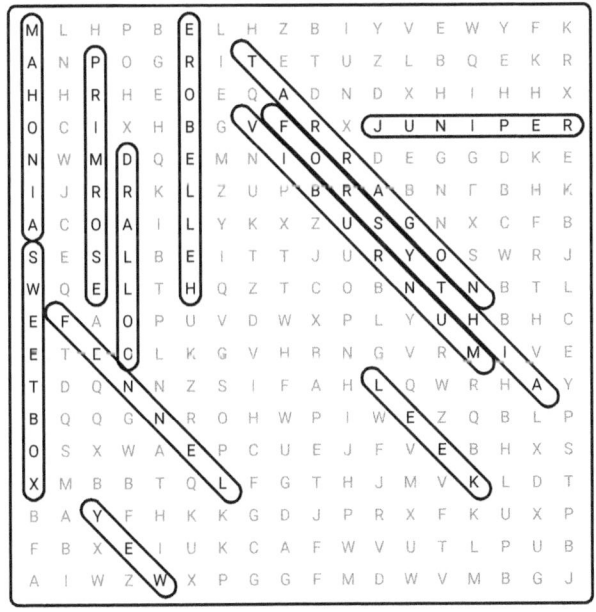

Word Search 80

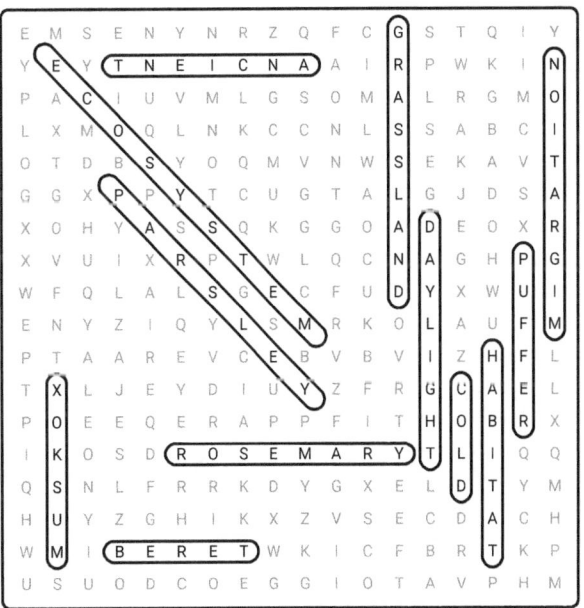

www.ingramcontent.com/pod-product-compliance
Lightning Source LLC
Chambersburg PA
CBHW082244300426
44110CB00036B/2440